キャラがリアルになるとき

When a character becomes real

2次元、2.5次元、そのさきのキャラクター論

Housei Iwashita
岩下朋世

青土社

目次

Ⅰ　マンガのなかの「人間」たち

Ⅱ　「リアル」に乗り出すキャラクターたち

キャラがリアルになるとき　2次元、2・5次元、そのさきのキャラクター論

Ⅰ　マンガのなかの「人間」たち

序論　キャラクターを享受すること

この本におさめられた文章が共有しているのは、「キャラクター」への関心、より丁寧に言うならば「キャラクターを享受する」ことへの関心だ。

マンガやアニメやゲーム、あるいはそれらを原作としたり、それらと同時並行的に展開したりする舞台やドラマ、映画などについて語らう時、気がつくと「キャラクター」についての話になっていることがある。筆者は、マンガの表現と歴史を専門領域とする研究者だが、そうした者の多くがそうであるように、大学の授業ではマンガだけでなく、アニメやゲームといったポピュラーカルチャーに関する科目も担当している。そのため、学生との気軽で共有しやすい話題として、あるいは情報収集のために、最近の注目作品について話をしたり、逆に気になっている作品について尋ねてみたりする機会は多い。ところが、この種の会話はしばしばキャラクターをめぐるやりとりへと横滑りしてしまう。たとえば、「推しキャラは誰ですか?」といった問いかけによって。

もっとも、「横滑り」といった表現をしてしまうのは、状況を正確に捉える上では問題があるかもしれない。というのも、こうしたやりとりにおいて、キャラクターについて語ることは横道ではなく、むしろ本題であるように思われるからだ。私たちにとって、あるいは他の誰かにとって、時にコンテンツはキャラクターに出会うためにこそある。

さまざまなメディアにわたって展開するコンテンツが一般化している今日において、「近ごろハマっている何か」についてことばを交わすとなれば、そもそも「作品」単位の話では窮屈なことも多い。たとえば、ゲームを出発点としたコンテンツがあったとして、そのゲーム以外に手を出さないのであれば、いかにゲーム自体をやり込んでいても、それは「コンテンツにハマっている」と言えるかというと微妙なところだろう。一方で、ゲーム自体は日毎のボーナスを獲得するためにログインする程度だが、推しキャラのグッズを買いあさり、劇場版のアニメが公開されれば足繁く映画館に足を運び、ライブイベントにも参戦し、オフィシャルにリリースされたものだけでは飽き足らず二次創作を読みふけり、自らもSNSでイラストをこまめにアップしているものがいたとする。というよりも、そういう人物はいくらでもいるはずだ。時には筆者もその一人だったりもするかもしれない。

もちろん、そうした楽しみ方を「キャラにハマっているだけだ」と言うものもいるだろう。しかし、「キャラにハマって」いる人物と本丸のコンテンツとしてのゲームばかりをひたすらやり込んでいる人物と、より「ハマっている」のは一体どちらなのか。もちろん、判断は人によって分かれるだろう。それで一向に構わない。そもそも正しいハマり方などといったものを決める必要もない。ただし、「キャラにハマる」こと、キャラクターへの愛着に駆動されてコンテンツに触れることは、しばしばメディア横断的な受容を強く促すものであるようだ。推しキャラに会いに行くためであれば、私たちは様々なメディアを行脚することを厭わない。私たちはお気に入りのキャラクターを育て、グッズを買い、二次創作を読み、キャラクターソングを聴く。自分でイラストを描くこともあれば、コスプレすることもあるだろう。そのような「私たち」は無視できない規模で存在しているはずだ。さまざまなメディアを行き来してコンテンツを楽しむ時に、キャラクターへの愛着は、それを動機づけるものとなっている。

また、キャラクターへの愛着は、さまざまなメディアを渡り歩くような受容を動機づけるだけでなく、個々の作品の鑑賞においても重要な鍵となっている。たとえばメディアミックスの一環としてリリースされるキャラクターソング（以下「キャラソン」）について思い浮かべてみてもらいたい。キャラソンに関して、その出来栄えを判断する場合、その基準は一体、どのようなものになるだろうか。

『ユリイカ』のアイドルアニメ特集における対談で、批評家のさやわかは、クラムボンのメンバーでありさまざまなキャラソンも手がけてきたミトによる「リリックも基本的には彼女が思っているであろうことをキャラクターから限りなくドリップしていく」のだという、キャラクターに基づいた作詞を重視する発言をうけて、次のように言っている。

　つまり、音楽はもともとアニメにとってはあくまでも最後に出てきて組み合わされるものでしかなかったのが、キャラクターに基づいたものとして曲を書くことで、作品と分かちがたくなる。それがかたちになったのがアイドルアニメだと思うんですよ。(1)

ここでは、特集の主旨からしてアイドルアニメを象徴的なジャンルとして取り上げているが、「キャラクターに基づいて書かれた曲」であることはキャラソン一般に当てはまる。キャラクターを踏まえたものであることによって、そのキャラクターが登場する作品と分かちがたく結びつくというのも、キャラソンの一般的な傾向だろう。「キャラクターに基づいて」いること、それによって生じる物語世界との結びつきは、キャラソンの出来栄えを判断する上で大きな役割を占めている。別の言い方をすると、キャラソンの出来栄えは、その曲がそのキャラクターに相応わしいものであるかどうかという判断を伴うのだ。もちろん、一見して相応わしからぬように思える曲であっても、その意外性によってキャラクターの新しい魅力が見出されることもあり得る。いずれにしろ重要なのは、このような楽しみにおいて、キャラソンはキャラクターへの解釈、そして愛着を促すためのものだということである。

キャラクターへの解釈と愛着。我々がコンテンツを楽しむ時に、その中心になっているのはしばしばそのようなものである。キャラクターの魅力を味わい尽くすため、キャラクターを享受するために、私たちはマンガを手に取り、タッチスクリーン上で指を滑らせ、ガチャを回し、舞台へと足を運ぶ。

本書の背景にあるのは、こうしたキャラクターの享受を中心にした、コンテンツ経験のあり方である。もっとも、今日のポピュラーカルチャー、とりわけマンガやアニメをはじめとした日本のポピュラーカルチャーについて論じる時に、キャラクターに着目するという立場自体は、とりたてて目新しいものではない。

今世紀に入って以降、二〇〇〇年代のいわゆる「ゼロ年代」の批評において、アニメやマンガといったポピュラーカルチャー、そしてその担い手としての「オタク」は重要なトピックとして度々論じられてきた。そして、そうしたオタクたちのコンテンツの受容、あるいはこうした文脈でおなじみの言い方をするならば、その消費においてキャラクターが果たす役割もまた注目を集めてきた。その筆頭として挙げられるのは、もちろん東浩紀『動物化するポストモダン』（講談社、二〇〇一）だろう。東は同書において九〇年代のオタク系文化を特徴づけるものとしての「キャラ萌え」について「データベース消費」という概念を用いて分析を行っている。東の議論はキャラクター論に留まるものではないが、コンテンツの受容において個々の作品よりもメディア横断的な表象としてのキャラクターに注目する筆者の関心は、東以降のキャラクター論の流れにあると言ってよい。

ただし、本書はコンテンツの分析を通して、たとえば「オタク」と称されるような文化的なトライブについて何かを明らかにしようとするわけではないし、キャラクターの受容をめぐる現代的状況ついて論じることで、そうしたあり方が一般化した現代社会について何らかの論評を加えようとしているわけでもない。そもそも本書におさめられた文章は、それぞれ個別のテーマに沿って書かれ、雑誌等の媒体に発表されたものだが、その多くは作家および作品について論じたものとなっている。「キャラクターの享受」に筆者の関心が向けられるのは、それが物語の受容経験を枠づけるもののひとつとなっており、作品やコンテンツを解釈し、批評する上で有効なものだと考えるからである。

つまるところ、キャラクターに焦点を当てつつも、本書が目指すのはあくまでも、フィクションであれ、生身の人間によるパフォーマンスであれ、物語について、あるいは物語を経験することについての批評である。だからこそあえて言っておくのだが、この本を読むことで、現実について、社会について、あるいは人間についてなにかが明らかになったりはしない。ここにおさめられた文章は、そのような貢献を目指して書かれてはいないのである。この本が役立つとすれば、それは私たちの、あるいは他の誰かの、物語についての経験を明らかにすること、あるいは、物語の経験を豊かにすることにとってである。

この本のねらい、あるいは野心については、おおむね右に述べたようなものになるが、各論に入る前に、本書の基本的な構成、および理論的な前提についていくつか説明をしておきたい。

本書は二部構成となっている。その第一部に集められているのはマンガについて論じた文章である。

そもそも、キャラクター論に関して筆者にとって出発点となる関心は、「マンガにとってキャラクターとは何か」というものである。[2] 先に東浩紀がゼロ年代のキャラクター論を方向づけたことに触れた。東の影響下にあるその後の議論の中で、後のマンガ研究や批評にとって、もっとも大きな影響力を持ったのが伊藤剛『テヅカ・イズ・デッド』（NTT出版、二〇〇五）における「キャラ／キャラクター」概念であることは論をまたないだろう。伊藤はキャラクターのメディア横断をめぐる東らの議論を踏まえ、マンガ表現における基本的な要素となる視覚的表象について、物語上の登場人物としての「キャラクター」と区別し、それを「キャラ」と呼んだ。以下、それぞれについての伊藤の定義を引用する。

キャラ

多くの場合、比較的に簡単な線画を基本とした図像で描かれ、固有名で名指されることによって(あるいは、それを期待させることによって)、「人格・のようなもの」としての存在感を感じさせるもの(3)

キャラクター

「キャラ」の存在感を基盤として、「人格」を持った「身体」の表象として読むことができ、テクストの背後にその「人生」や「生活」を想像させるもの(4)

伊藤によれば、「キャラ」は、マンガにおいて「キャラクター」が成立する上で不可欠なものとされている。なるほど、視覚的メディアであるマンガにとって、物語内の登場人物を表現するのに、その視覚的イメージが必要とされるのは当然だろう。「キャラ/キャラクター」概念がインパクトをもって受け入れられた理由のひとつには、メディア越境的な受容において重視される視覚的な表象として論じられてきた「キャラ」を、マンガという表現形式の固有性を捉える上での根幹においたことにある。視覚的な叙述形式であるマンガにとって、その姿を描くことなしには、キャラクター(登場人物)は表現しえない。もちろん、キャラクターの姿が作中で一度も描かれないという場合も原理的にはあり得るが、それはかなり特殊な部類に入るだろう。そして、仮にそのような場合であっても、何らかの描写に先立ってキャラクターが読者の前に現れることはない。キャラクターは描写を通じて事後的に立ち上がってくるものなのだ。

筆者は、前著『少女マンガの表現機構』（ＮＴＴ出版、二〇一三）において、伊藤の議論を踏まえて、こうしたマンガ表現のメカニズムについて論じた。そこでは、「キャラ」概念を、独自性を持つものとしての「差異化された図像」である「キャラ図像」、事後的に立ち現れ、キャラ図像間の同一性を支える存在としての「キャラ人格」の二つへと分析している。本書においても、基本的にはこの区別が前提とされているので、もう少し噛み砕いて説明をしておきたい。

重要なのは、マンガの叙述において一人のキャラクター（登場人物）は、いくつもの（原理的には無数の）異なる図像によって描かれるという点だ。本棚から一冊抜き取ってもいいし、タブレットやスマートフォンを手に取るのでも良いが、任意のマンガを開いて欲しい。そこには同じキャラクターが何度も、いくつものコマにわたって描かれているはずだ。たとえば、今たまたま筆者が手に取った高橋留美子『らんま１／２』の新書版単行本第三一巻（小学館、一九九四）に収録されている「八宝斎の新弟子」の場合、一六頁の中で主人公・早乙女乱馬がその姿を見せる回数は、実に五〇回である。「キャラ図像」とは、この五〇個の「早乙女乱馬」の図像、ひとつひとつのことである。これらのキャラ図像は、五〇個と数え上げられることからも明らかなようにイメージとしては別々のものとして区別できる。一方で、これらのキャラ図像が、同じ誰かを指し示しているのも確かである。この場合、その「同じ誰か」が早乙女乱馬なのは分かりきっているが、名前も不明で、どんな人物なのかもはっきりしないまま、とりあえず、それぞれのコマに現れるキャラ図像を同一人物と見なして読み進めていく時もあるだろう。こっちのコマのキャラ図像とそっちのコマのキャラ図像は、同一の対象を指示している。同じ誰かを描いている。そうした理解が、マンガを読むためには必要だし、そのようにして読み進めていくことで、その「誰か」に次第にキャラクターとしての輪郭が与えられてゆくことになる。キャラ図像間の同一性を支える存在、「誰か」がここでいう「キャラ人格」である。

それにしても、キャラ図像が同じ「誰か」を描いていると判断されるには何が必要なのだろうか。大切なのは「差異化されている」ことである。つまり、一般化された対象ではなく、特定の「誰か」を描いているのだと想像させるような形で特徴付けられていることが肝心なのだ。「人間」の図像ではなく、特定の「誰か」を描いたものだと想像させることが、あるイメージをキャラ図像たらしめる上では欠かせない操作である。だからこそ、伊藤は「「人格・のようなもの」としての存在感を感じさせる」ことを「キャラ」の条件として挙げているのだ。もっとも、差異化はキャラ図像の造形によって果たされることもあれば、吹き出しによるセリフを介した特徴的な口ぶりで果たされることもあれば、名前を図像の脇に書き添えるという身も蓋もないやり方によって果たされることもある。その手立てはさまざまだ。

こうした特徴付けは、キャラ図像がどのキャラ人格と結びついているかを効率よく判断する上でも重要な役割を果たす。要するに、キャラ図像が互いによく似ていれば「同じ誰か」を指し示していると容易に判断できるのだし、造形上のはっきりした特徴付けは、その際の格好の目印となる。逆に言ってしまえば、なんらかの目印で「同じ誰か」であることさえ示せれば、キャラ図像がお互いに似通っていなくとも支障はないということでもある。あるいは、目印となる特徴さえ押さえていれば、その他の部分で大きく異なる特徴付けをしてしまっても良いのである。たとえば、先に触れた『らんま1／2』の場合、よく知られているように主人公・早乙女乱馬は水をかぶるとその体は女性に変じてしまい、お湯をかぶると男に戻るという設定を持っており、「八宝斉の新弟子」でも、男性バージョン、女性バージョン、両方のキャラ図像が登場している（図1）。読者が、それぞれのキャラ図像を身体的な性別が違っても「同じ乱馬」であると見分けられるのは、物語上の文脈もあるが、髪型や服装などが分かりやすい目印になっているからである。男乱馬と女乱馬の場合、キャラ図像の共通点はかなりはっきりしているが、どのキャラ人格と結びついているかを示すタグ付けのやり方は実にさまざまなので、造形上でもっとかけ離れたキャラ図像であっても「同じ誰か」としてあつかうことは可能である。あるいは、男乱馬、女乱馬ほどに明白な属性の違いはなくとも、あるコマでは八頭身のキャラ図像が、別のコマでは二頭身のキャラ図像が用いられるというように、キャラ図像間のギャップを駆使した描写は一般的に見られるものだ。たとえば「八宝斉の新弟子」でも、乱馬の顔が「へのへのもへじ」化するという一コマが見られるが、そのことで「誰か」が分からずに混乱する読者はほとんどいないはずだ（図2）。ひとつのキャラ人格に結びつくキャラ図像は実に豊かなバリエーションを持つことが可能なのである。

キャラクターが視覚的表象としてのキャラを基盤に成立するという主張は、ともするとキャラクターをその「見た目」に束縛された存在であるかのように思わせるかもしれない。しかし、実際には一人のキャラクターとひとつのキャラ図像とが一対一で対応しているわけではない。ページをめくった次のコマで、どんなキャラ図像が姿を見せるのか。可能性は無数に開かれている。どんなキャラ図像で描かれるかによって、キャラクターはいかようにでも変わっていくことが出来るのだ。

「キャラ図像」「キャラ人格」の区分によって筆者が示したかったのは、こうしたマンガにおけるキャラクター表象のダイナミズムであった。キャラクターはキャラ人格によって繋ぎとめられる複数のキャラ図像が折り重なり響き合うことによって受け手の中に描き込まれていくものであり、新たな一コマに新たなキャラ図像が姿を見せるたびに、そのイメージは更新されていく。マンガについて分析する上で、

図1　高橋留美子『らんま1／2』第31巻（小学館、1994）、p.19

図2　高橋留美子『らんま1／2』第31巻、p.10

「キャラクター」に焦点をあてることは、複数のイメージを時には同時に視界におさめ、時には素早くかけぬけ、時には接ぎ合わせながら、物語を獲得してゆくダイナミックな読みのあり方を提示するためのひとつの手がかりである。本書の第一部は、その実践の結果が集められている。

そのような意味で、第一部に収められた文章はあくまでも「マンガにとってのキャラクター」について考えるものであり、いわば「キャラクター論をマンガに取り返す」企図を持ったものである。本書の巻末にはマンガ研究・批評についてのブックガイドも収録してある。キャラクターを入口にマンガ論へと深入りしたくなった場合、こちらを参考にしてもらいたい。対して、第二部はマンガ表現論としてのキャラクター論を、その他の領域へと開いてくものとなっている。そもそも、伊藤の「キャラ／キャラクター」概念自体がメディア横断的なキャラクターの自律性を前提としている以上、キャラクター論がマンガに限らず広く文化一般を論じることに適応可能なのは不思議なことではないし、事実、さまざまな形で「キャラ論」は繰り広げられてきた。では、本書においてキャラクター論をいったんマンガに取り返した意味はどこにあるのだろうか。もちろん、ここでも鍵になるのは、キャラクターの持つ、あるいはキャラクターを享受する営みが持つダイナミズムである。さやわかは『キャラの思考法』(青土社、二〇一五)において、キャラクターが持つダイナミズムに着目し、筆者の「キャラ図像」「キャラ人格」という区分を引き受ける形で「キャラが時間を持つ状態」というアイデアを提示している。この「キャラが時間を持つ」というアイデアを導入することによって、「キャラ／キャラクター論に対して、作品と受容者の間に当然あるべきインタラクションをより明確な形で盛り込むことができる」のだとさやわかは述べている。[5] その上で、さやわかは、このアイデアを「現実世界においてのキャラ概念にまで発展させられる」とし、「虚構と現実が『二・五次元』と呼ばれるようなブリッジを可能にさせるのは「キャラが時間を持つ」という考え方だと言ってもいい」としている。[6] さやわかの議論は、キャラクターをそのダイナミズムにおいて捉える視点が、マンガにとどまらず「現実世界」におけるキャラクターを享受する上でも有効であることを示唆している。

キャラクターの享受という視点は、「2次元」と「3次元」を同じ俎上にのせて捉えることを可能とする。筆者の理論的前提が「マンガ表現におけるキャラクター」にあることからすれば、それは現実をマンガのように読むことであり、人間をキャラクターとして解釈しようとすることであるのかもしれない。

本書の第二部に集められた文章は、キャラクターの享受をめぐる思考を通じて、この「2次元」と「3次元」が交差する中で物語を経験することが持つ豊かさについて、時にはその危うさについて示していくものになるはずである。

通底する関心を持ちつつも、それぞれ異なる機会、異なる主題のもとに書かれた文章を一冊の本として読んでもらうために必要な前口上はここまでである。あとは、複数のイメージが響き合う中で多面的なキャラクターが立ち上がってゆくような豊かな経験を、この本を手に取った人が得られるように願う

ばかりだ。(7)

註

(1) ミト・さやわか「キャラクターの歌声と音楽の場所　アイドル–ゲーム–アニメのリアリティライン」『ユリイカ』二〇一六年九月臨時増刊号、青土社、九九～一一四頁。
(2) ここでは今世紀以降の議論を中心に整理しているが、そもそもキャラクターはマンガの歴史において非常に重要な役割を担ってきた。この点については、『マンガ研究13講』(水声社、二〇一六) 所収の拙論「キャラクターを見る／キャラクターを読む」を参照いただきたい。本章で嚙み砕いた形で説明したマンガにおけるキャラクター表象のメカニズムについても、より紙幅を割いて論じている。
(3) 伊藤剛『テヅカ・イズ・デッド』、NTT出版、二〇〇五、九五頁。
(4) 同右、九六頁。
(5) さやわか「時間がキャラを更新するために」『キャラの思考法』、青土社、二〇一五、二一四頁。
(6) 同右、二一七頁。
(7) 本章はJSPS科研費JP17K18459「「二・五次元文化」における参加型文化による嗜好共同体構築に関する研究」の助成を受けた研究成果の一部である。

1　キャラクターと囲む食卓

グルメマンガの実用性とリアリティ

B級／グルメ／マンガ

食に関するマンガというのは、出版する側からすれば手堅い、読者の側からすれば手軽で親しみやすいもののひとつであり、マンガにおける一大人気ジャンルだ。杉村啓『グルメ漫画50年史』（星海社、二〇一七）や南信長『マンガの食卓』（NTT出版、二〇一三）のように、食をテーマにしたマンガについて書かれた本だけでなく、マンガに登場した料理を取り上げたレシピ本といった関連書も多く出版されている。このジャンルの人気を支える親しみやすさは、料理および食事という人々の生活に密接に結びついた題材と無縁ではないだろう。本章では「B級グルメマンガ」というキーワードを用いて、食という身近なテーマとマンガを受容する経験との関わりについて考えたい。

「〝B級グルメマンガ〟とはなにか？」。この問いが関わる範疇は〝B級グルメマンガ〟という文字列をどのように分節するかによって変わってくる。〝B級グルメ／マンガ〟と区切るなら、この問いは基本的に〝B級グルメ〟に関わるものになる。一方で、〝B級／グルメマンガ〟と区切った場合、問題となるのは〝グルメマンガ〟というジャンル(1)であり、そこにおける〝B級〟とは何か？　である。

後者の問いはなかなかに複雑だ。というのも、一級品のグルメマンガは、一級品であることによって〝B級〟なマンガにならざるを得ないように、私には思われるからだ。「〝A級〟であるならば〝B級〟である」というねじれがそこにはある。一級品のグルメマンガは、それ自体で完璧に読者を満足させることはできない。むしろ、それを読むことが読者にある種の欲求不満をもたらすものこそが優れたグルメマンガなのである。欲求不満というのは、要するに空腹感だ。読んでいると食欲が刺激されて、お腹が減る。私が思うに、優れたグルメマンガが満たすべきは、第一にこのシンプルな条件であるはずだ。

しかし、そうである以上、優れたグルメマンガはどうしても即物的で通俗的なものにならざるを得ない。この通俗性は、このジャンルに属する作品が、読者をテクストから引き離し、〝食欲〟という現実的な欲望に導くところにある。そして、近年のグルメマンガを見てみると、欲望の喚起こそがことの本質であることに自覚的な作品が多くなっているように思える。土山しげる『極道めし』(二〇〇六〜二〇一二)や坂戸佐兵衛・原作／旅井とり・作画『めしばな刑事タチバナ』(二〇一〇〜)などは、思わずゴクリと喉を鳴らしてしまうような食にまつわるエピソード＝〝めしばな〟に興じるキャラクターたちを描き、マンガ自体も一個の〝めしばな〟となっているという、自己言及的な性格を持っている。このように、食に関する語りが〝ネタ〟として消費される昨今のグルメマンガのひとつの傾向は、既存の物語が備えたコンテクストからキャラクターを切り離し、無数の二次創作が作り出されるような、マンガという表現メディアをとりまく今日的状況と通底するものかもしれない。マンガというジャンル自体が、キャラクターを利用した新たな楽しみを提供する〝ネタ〟として消費されることが当たり前となりつつある状況を見渡せば、グルメマンガが人気を集めていることも納得のいくことのように思われる。

レシピとしてのグルメマンガ

物語の享受とは異なる形での、読者による能動的なテクストの利用、ということを考えれば、グルメマンガの持つ、より即物的な面にも注目する必要が出てくるだろう。それは、このジャンルの持つ〝レシピ〟としての実用性である。マンガに出てくる料理を、実際に自分で作ってみた、という人は少なくないはずだ。私自身、読んだマンガを切っ掛けに食欲ならぬ自炊欲を刺激されてその日の献立が左右されるということはしばしばある。実際、先にも触れたように、マンガに登場したレシピ本は、数多く出版されている。また雑草社『ぱふ』の二〇一一年七月号では「ごはんまんがでお腹いっぱい!」と題する特集が組まれ、作者へのインタビューとともに、よしながふみ『きのう何食べた?』や柳原望『高杉さん家のお弁当』、安倍夜郎『深夜食堂』に出てきたメニューを編集部が実際に作った写真が掲載されている。そこに登場したメニューを作ってみることは、グルメマンガ(こうした場合、より限定的に料理マンガと言った方が適切かもしれないが)の重要な楽しみ方のひとつなのだ。(2)

本章では、このような形でグルメマンガを楽しむことが、読者とテクストの関わり方において持つ意味について考えてみたい。議論の性質上、自炊好きの一個人としての筆者の感覚が反映されたものになることは否めないし、取り上げる作品も、実際に〝レシピ〟として利用したという基準から選び出されているので、グルメマンガについて包括的に扱っているとはおよそ言えないが、実際に作ること、そしてそのような実用性をテクストの中に織り込むことと、私たちの読みの経験における働きについて素描することを、以下で試みる。そのために具体的に取り上げるのは、うえやまとち『クッキングパパ』と、よしながふみ『きのう何食べた？』である。

媒介としての料理――『クッキングパパ』

『クッキングパパ』と『きのう何食べた？』は、ともに講談社『モーニング』に連載されている。これらの作品を取り上げたのは、基本的には、筆者が実際に〝レシピ〟としてこれらのマンガを活用し、作中に登場するメニューを作ってみたことがあるから、というきわめて素朴な理由からである。しかし、両者を対比して考えることはあながち無駄ではないだろう。一九八五年に連載がスタートし三〇年以上続く『クッキングパパ』が、雁屋哲・原作／花咲アキラ・作画『美味しんぼ』に並ぶグルメマンガの筆頭であるならば、二〇〇七年に始まり、二〇一九年にはＴＶドラマ化され人気を博した『きのう何食べた?』はこのジャンルの現在を代表する作品のひとつであるからだ。また、共働きの家庭で主体的に家事労働を担う夫、という連載当時としては（そして残念ながら今でもそれなりに）進歩的な家庭を描く前者に対し、後者はゲイカップルの二人暮らしを取り上げ今日的な「家庭」の在り方の多様さを描いている。こうした点は『きのう何食べた?』が掲載誌において『クッキングパパ』の次を担う存在であることをうかがわせるものだ。

両者の共通点として挙げられる点はいくつかあるが、本章の趣旨に照らして重要なのは、いずれの作品も、登場する料理の作り方が丁寧に紹介されており、〝レシピ〟としての実用性がきわめて高い、ということである。しかし、その一方で実際に読んでみると『クッキングパパ』では、調理の具体的な過程を細かに描写する場面は意外に少ない。詳細な作り方は、出来上がった料理が大ゴマで提示された後にレシピのページで紹介されるので、調理場面は「何かを作っている」ことが分かる程度の淡白なものだ（図1）。調理の場面抜きで、クッキングパパこと荒岩一味が「はいっ お待ちどお」と皿に盛られた料理を差し出してくる場合も少なくない。料理を作

図1　うえやまとち『クッキングパパ』第109巻（講談社、2010）、pp.159-161

る過程の丁寧かつ具体的な描写こそが毎回のエピソードの見所になっている『きのう何食べた？』とは対照的と言えるだろう。

具体的なレシピの存在は、『クッキングパパ』の実用性を支えるものだが、一方で物語への没入を妨げるものであるようにも思える。ストーリーの一貫した流れはレシピの挿入によって一旦断ち切られるからだ。キャラクターが読者に顔を向けて話しかけてくるこのレシピ場面においては、コマの連続による時間的、空間的秩序の構成も行われず、その様式ははっきりと絵解き的である。(3)

伊藤剛は、マンガにおけるリアリティを「もっともらしさ」と「現前性」に分けているが、(4)『クッキングパパ』におけるレシピ場面は「作中世界を、あたかも「実際にありそうなこと」に感じさせるという意味」でのリアリティである「もっともらしさ」を後退させるものと言えるのではないだろうか。物語世界の首尾一貫性を重視する観点からすれば、こうした描写はそれこそ通俗的なものであり、作品としての完成度を削ぐものであるだろう。こうした点において『クッキングパパ』ははっきりと〝B級〟なのである。

しかし、そのような〝B級〟性によって、作中世界が紙の上に描かれたものに過ぎないことをあからさまにすることは、読者を物語そしてキャラクターへの感情移入から遠ざけ、興を醒ますものとなるだろうか。実際の読者の反応を見る限り、どうもそのようには言えないようだ。むしろ『クッキングパパ』の読者とそこに登場するキャラクターとの関係には、時に現実の友人であるかのような親密さが感じられるのである。

二〇一一年四月、私は京都国際マンガミュージアムで行われた「うえやまとちのマンガクッキング」なるイベントに足を運んだ。このイベントは『クッキングパパ』の作者うえやまとちが、自身が作中に描いた創作メニューを実際に作りつつ、そのメニューが登場するエピソードを中心に、その創作の秘密や苦労話を様々に語るという内容のものである。このイベントは二〇一九年までに一一回開催された。私が参加したのはその四回目だ。もちろん、会場には熱心な『クッキングパパ』読者が多く訪れており、質疑の時間にはそうした読者から、うえやまとちに対する質問が相次いだ。興味深かったのはその内容で、ほとんどの質問は『クッキングパパ』に登場する数多くのキャラクターの行く末に関するものだったのである。たとえば当時沖縄の大学に在籍していた一味の息子まことと、幼馴染みのさなえの関係は今後どうなるのだろうか、といったものだ。そのような質問をする読者の言葉には、友人を、あるいは友人の家族を慮るような親しみがこもっていた。

むろん、そのような親密さを私が勝手に読み込んでしまっただけで、これは主観的な印象に過ぎないかもしれないが、ここでは実感に基づいて論を進めることを許して欲しい。その上で、私が主張したいのは、こうした読者とキャラクターの親密な関係を取り持っているのが、一見して作中世界の「もっともらしさ」の水準における首尾一貫性を食い破るものに思える〝レシピ〟の提示にあるのではないか、ということである。

先に、読者によるテクストの能動的な利用の一例として二次創作に触れた。物語の持つコンテクストから切り離されたキャラクターを利用し新たなテクストを紡ぎだしてゆく二次創作の営みにおいては、

図２『クッキングパパ』第115巻（講談社、2011）、pp.76-77

キャラクターが虚構的な対象に過ぎないことは、その融通無碍な実践によって雄弁に示されている。しかし、一方でその実践者たちを衝き動かしているものがキャラクターへの強い感情移入や愛着であることも確かだろう。泉信行はマンガにおいては「キャラクターに感情移入しながら、距離をとって客観視する」という、同化と異化が同時に駆動する「共体験」的な読みこそが、読者の「基本的なスタンス」であると述べている。[5] 泉の指摘を踏まえるならば、「もっともらしさ」を食い破るような表現は、物語への没入を妨げるものとは必ずしもならないことがわかる。少なくともマンガをめぐる今日的な状況を念頭におけば、虚構的な対象としてのキャラクターこそが、読者と物語を媒介するものとなっているのだ。

『クッキングパパ』の実用的なレシピもまた、キャラクターがそうであるように、構築された作中世界に閉じられていた物語と読者を媒介するインターフェイスとしての役割を担っている。物語の中で描かれる出来事に、現実世界に生きる私たちは直接アクセスすることはできない。しかし、レシピは現実に利用可能である。レシピを元に料理することで、私たちはキャラクターと同じものを食べるという経験を（もちろん擬似的にではあるが）共有することができるのだ。そもそも『クッキングパパ』の作中世界においても、料理はキャラクターたちの関係を紡いでゆく強力な媒介である。料理を媒介にすべてのキャラクターが同じ釜の飯を食べているかのような家族的な繋がりを持つ、一種のユートピアがそこには描かれている。職場もご近所も家族の延長であり、それを示すように、作中では同僚や友人の家で、皆で食卓を囲む場面が頻繁に登場する[6]（図2）。作中世界の首尾一貫性の綻びとして存在するレシピは、そのような〝家族の食卓〟に読者を招き入れる扉でもあるのだ[7]。

距離感と共感──『きのう何食べた？』

一方、調理の過程がストーリーの中に見事に織り込まれているよしながの『きのう何食べた？』には、こうした意味での綻びを見ることは難しいだろう。むしろこの作品においては、作中世界と読者の間に一定の距離が保たれている。他者との隔たりこそが作品の基調としてあり、そうした隔たりを前提とした上でどのように関係を築いていくのか、ということが主題となっているのだ。それはこの作品のタイトル自体にも示されている。『きのう何食べた？』という問いかけは、その問いを発する者と答える者が食卓を共にしていないことを示唆する。ここには、この作品が持つ読者との距離感、そして主人公・筧が持つ他者との距離感がよく表現されている。様々なキャラクターが食卓を囲む場面が頻繁に描かれる『クッキングパパ』とは好対照と言えるだろう。

図3　よしながふみ『きのう何食べた？』第4巻（講談社、2010）、p.8

筧はゲイとしての自らのセクシュアリティを公的な場ではひた隠しにしている。一方で、一般的には年齢の割には若く美形であるはずの筧が、ゲイの世界においては、まったくモテないことが強調されるし、ゲイらしい振る舞いに馴染めない人物であることもたびたび描かれている。両親との関係においても、お互いに思いやりつつも、そのディスコミュニケーションは、おそらくは根本的には解消できないものである。

このように、『きのう何食べた？』では、筧と他者との間の隔たりが、幾重にもわたる形で示されているのだが、表現においてそれを明らかにしているのは彼の内語の多さである（図3）。恋人であるケンジに対しても特に連載初期では、筧が率直に気持ちを伝える場合は少なく、彼の様々な感情は、内語を介して読者にのみ伝えられている。『クッキングパパ』においては、綻びとしてのレシピを通して、読者が物語の内に招き入れられたのに対し、『きのう何食べた？』では、作中世界は首尾一貫したものとして完結し、読者と隔てられている。しかし、主人公・筧が作中世界の他者と持っている距離感が、読者と作中世界との距離感と重なり合うことで、感情移入の契機になっているのである。

こうした重なりが、もっとも実感を伴って働く瞬間が、作中で毎回丹念に描かれる調理の場面である

（図４）。これらの場面でも、内語は多用されるが、その内容は料理を仕上げていく上での具体的な手続きを述べるもので、料理をしているその瞬間においては、筧の心理はきわめてシンプルだ。

図４『きのう何食べた？』第４巻、pp.14–15

図５『きのう何食べた？』第１巻（講談社、2007）、p.148

「料理作ってる時ってちょっと無心になれるじゃない？　だからごはん作るだけでイヤな事あってもけっこうリセット出来んのよねあたし」（図5）

これは単行本第一巻収録の第八話で、筧の数少ない女性の知人である佳代子が口にしたセリフだが、この作品での調理場面は、まさしくそうしたリセットのプロセスを描いているのだ。『クッキングパパ』において調理過程があっさりとしか描かれず、むしろ誰かに食べさせること、あるいは皆で食卓を囲むことこそがポイントになっているのに対し、『きのう何食べた？』で描かれているのは、料理という行為がその作り手自身に対して持つ効果なのだ。単行本第四巻収録の第二五話では、ケンジとちょっとした諍いをして気まずくなった筧が、ケンジのリクエストに応えた料理を作り、それを二人で食べることで仲直りするエピソードが描かれる。しかし、このエピソードではケンジの気持ちを示す内語は一切描かれない。諍いによって落ち込み料理によりそれを解消しているのはあくまでも筧なのである。

他者と根本的な意味で分かり合うこと、和解することについて『きのう何食べた？』では決して容易な解決は与えられない。その意味で、『クッキングパパ』との違いは歴然としている。とはいえ、連載が長期化する中で、世界と自分の間に壁を作り、他人を遠ざけるような筧のスタンスが半ばなし崩し的に変化していることも指摘しておくべきだろう。

二〇一九年に刊行された単行本第一八巻では、ケンジの家族と会食するエピソードや佳代子さんの家にケンジと共に招かれるエピソードが収録されている。筧と両親との関係も連載当初とは変化しており、一二三話では、自宅を処分し老人ホーム入りする予定の両親と今後について相談する場面が描かれる。この場面は、隔たり自体はなくならないままに、互いを受け入れていった筧と両親の関係性の変化をよく示すものだ。両親の入所予定のホームが、筧の住む町と「中央線で一本で行ける」という立地であるのも、両者の間にある絶妙な距離感を巧みに表している。

こうした、隔たりがありつつも穏やかな関係を築いていく機会を筧に与えるのも料理である。とりわけ、『きのう何食べた?』においては、佳代子と筧の関係からもよく分かるように、食卓を囲む以上に、ともに台所に立つ行為がきわめて重要な役割を持っている。だからこそ、このマンガにおいては料理の営みが綿密に描かれる必要があるのだ。読者もまた、数ページをかけて綿密に描写されるそのプロセスを実感を伴って読むことを通して、筧とともに台所に立ち、一緒に料理を作っているような気分を味わうのである。

『クッキングパパ』と『きのう何食べた?』は、レシピとして応用可能な即物的な性格を、それぞれに異なる形で活かし、読者の現実と交渉することで物語としてのリアリティを成り立たせている。そして、両者の違いに目を凝らしてみると、『モーニング』という雑誌におけるそれぞれの立ち位置の違いもまた見えてくるだろう。前者がファミリー向け、家族と暮らす人間の生活の感覚に訴えてくるものなのであるのに対し、後者は単身者や、こどものいないカップルに訴えてくるものになっているのではないだろうか。しかし、いずれの場合においても、重要なのは料理を作ることや食べる営みが、作中世界と読者を媒介するものとなっているということだ。

私たちはこれからも、マンガを読み、そこに描かれたレシピに触れることを通して、荒岩家の食卓に招き入れられるし、箟と共に台所に立つことになるだろう。彼らとともに囲む食卓で食べる料理は、普段よりも少しスパイスの効いたものになるはずだ。

註

(1) 他の様々なジャンルを定義することが困難であるのと同様に、〝グルメマンガ〟というジャンルを定義することも容易ではない。このジャンルに明確な定義を与えることが本章の目的ではないので、ここでは、この言葉を、食をめぐるマンガ一般を射程に入れた、緩やかで広い意味を持つものとして用いることとする。

(2) マンガに出てきた料理を実際に作る、再現料理エントリが人気の「本がないならブログをお読み」(http://luckyclover7.blog27.fc2.com/) のようなブログもある。

(3) ちなみに、『クッキングパパ』におけるレシピとストーリーの具体的進行の分断は、コンビニ向けの廉価版単行本ではより一層露骨になっており、通常一ページほどの紙面を割いて紹介されるレシピが二ページ分に拡大され、扉ページまで付けられる場合もしばしばある。

(4) 伊藤剛『テヅカ・イズ・デッド』、NTT出版、二〇〇五、八五頁。

(5) 泉信行『漫画をめぐる冒険 読み方から見え方まで 上巻・視点』、ピアノ・ファイア・パブリッシング、二〇〇八、四四頁。

(6) もちろん、こうした家族的な繋がり自体、長い連載期間を通じて形作られたものだが、最新刊の時点ではもはやほとんどのキャラクターが（長らくの読者にとっても）身内であるかのような状態になっている。そのことを如実に示すかのように第一一五巻収録の「かきたま汁で元気回復」では、風邪を引いた後輩社員・江口をお見舞いにやってきた田中とけいこは、ノックする様子もドアも開ける様子も描かれることなしに、いきなり彼の部屋に入ってくる。うえやま自身がこうしたことを意識しているかはともかく、田中と夢子が一挙に距離を近づけた「ぐーたら作れるぐーたらおでん」（第二五巻収録）で、夢子のアパートの小火に気付いた田中が彼女を助けるためにドアを蹴破って部屋に入ったのと比べれば、キャラクター同士の関係がはるかに気安くなっているのを、そこに読み取ることができるだろう。

（7）吉村和真は「地方マンガのポジション 「クッキングパパ」を中心に」（大城房美・一木順・本浜秀彦編『マンガは越境する！』、世界思想社、二〇一〇、一五六〜一八〇頁）で、〝地方マンガ〟としてのこの作品について論じているが、「博多」という具体的な土地を取り扱っていることも、読者と作中世界を繋ぐ回路として機能していると言えるだろう。

2 〈まなざし〉の行方

『雨無村役場産業課兼観光係』試論

〈まなざし〉から見て取る〈思想〉

岩本ナオ『雨無村役場産業課兼観光係』（以下『雨無村』）のページを捲っていて、登場人物たちの〈まなざし〉が気になった。岩本の出身地を参考にした地方の村を舞台に、大学を出て東京から戻ってきた主人公・銀ちゃん、給食センターに勤めるメグ、銀ちゃんを慕う、何かと頼りないけど超絶イケメンのスミオ。三人の若者を中心に繰り広げられるこの物語の中を行き来する、絡まり合いそうでなかなか絡まり合わないそれぞれキャラクターの〈まなざし〉が気になったのだ。

この作品に限った話ではないが、岩本マンガでは、物語内世界の空間構成は比較的緻密であり、誰がどんな場所にいて、それぞれのキャラクターがどのような位置関係にあるかが見て取りやすい。たとえば、きわめて何気ない場面だが、この見開き（図1）では、右ページ二コマ目で示されたメグとその友人マユ子の位置関係が、左ページの二、三コマ目はしっかりと守られている。一方で、紙面上では左二

図１　『雨無村』第１巻（小学館、2008）、pp.166-167

コマ目から左三コマ目で人物を捉える視点の位置が切り替わり、そのことが物語のテンポを生み出している。

もちろん、こうしたコマ割りは何ひとつ特殊なものではない。むしろ、ごく普通にさまざまなマンガの中で見かけられる表現である。しかし『雨無村』の場合、キャラクター間の位置関係が明示されていることは、それぞれの交錯する〈まなざし〉のありようにも深く関わっている。キャラクターの物語空間における物理的な立ち位置は、比喩的な意味での立ち位置、他のキャラクターに対するスタンスを指し示すものとしても機能しているのだ。一方で〈まなざし〉もまた、キャラクターの心理的な関係を示唆するための手がかりとして用いられている。

では、そうした描写に〈まなざし〉や位置関係を用いることで、この物語においてはキャラクター間の関係を、あるいはそうした関係の織物として立ち上がる社会を、どのようなものとして捉えようとしているのか。本章では『雨無村』におけるキャラクターたちの〈まなざし〉の行方を辿ることで、こうした点について考えてみたい。夏目房之介のマンガ表現論の語彙を使うなら、ここで追いかけようとしているのは〈まなざし〉から読み取られるこの物語の〈思想〉と言えるだろう(1)。

もちろん、表現論的なアプローチから〈思想〉を読み取ること、ないしは読み込むことには、解釈の恣意性の問題がつきまとう。本章もまた筆者自身の個人的な読みを提示するものにとどまるかもしれない。しかし、〈まなざし〉という観点を導入し、主観的な読み、解釈のあり方を客観的に記述することで、キャラクターの関係性を読むことがマンガを通して物語経験において果たす役割を明らかにする上での手がかりが得られるはずだ。本章はそうした試みのひとつであり、『雨無村』は実に有益な事例である。そのことは以下の論述において明らかとなるはずだ。

〈視線〉〈視点〉〈まなざし〉

『雨無村』の〈まなざし〉の行方を探るにあたって、まず括弧付きで用いられるこの言葉と、隣接する他の言葉との間を切り分けておきたい。具体的には〈視点〉と〈視線〉である。このふたつの言葉は、マンガという表現形式が論じられる際に、しばしば重要な役割を果たして来た。泉信行は〈見る〉と〈視る〉を使い分け、前者を「私達読者の目で「漫画に描かれた絵や文字を眺める場合」を指すもの、後者を「「漫画の中の登場人物（キャラクター）」の視点から「漫画の中の世界」を眺めている場合」を指すものとしている。[2] 本章でいう所の〈視線〉と〈視点〉の使い分けは、ほぼ泉の使い分けに対応している。〈視線〉は読者がどのように紙面を見ているかに関わる概念であり、〈視点〉は読者がどのような位置から物語世界を捉えているかに関わる概念である。つまり、前者は読者とモノとしてのマンガとの関係、後者は読者とキャラクター（あるいは語り手）の関係において生じるものである。それに対して、〈まなざし〉はキャラクター間の関係、あるいはキャラクターと物語中の他の事物との関係において生じるものとして本章では考えている。キャラクターがどこから誰を、あるいは何を〈見て〉いるか。それが〈まなざし〉における問題であり、

図２『雨無村』第１巻、p.9

その〈まなざし〉の行方を追うということは、我々の〈視線〉や〈視点〉と〈まなざし〉の重なり合いについて考えることである。(3)

『雨無村』では、主要なキャラクターの〈まなざし〉は、〈視る〉べき対象として読者に対して提示される場合が多い。図2の下段のコマのように、銀ちゃん、メグ、スミオの三人が一コマの内に描かれ、それぞれの位置関係が一望に示される場面はしばしば描かれるが、この場面ではそれぞれが誰を見ているかが重要な意味を持っている。上段の左の三コマでは、各コマに分節された中で、それぞれの〈まなざし〉が表現されている。注意したいのはメグとスミオの顔が向かい合うようにして並ぶ二コマだ。ここでは一見して二人が見つめあっているように見えるが、実際にはそうではない。スミオは、銀ちゃんの言葉と〈まなざし〉を受けて目を逸らしているのであり、メグはそんなスミオに一方的に〈まなざし〉を向けているのだ。そして、三人が同時に描かれるコマにおいては、メグの〈まなざし〉は銀ちゃんへ、スミオの〈まなざし〉はメグへと流れている。しかし、上段のコマにおける〈まなざし〉の交錯を踏まえると、このコマでのメグの「仲良くしようね」という言葉を支えるのは、むしろスミオへの感情であることが読み取れるのではないだろうか。

紙面上のコマの配置において示される〈まなざし〉の行方と物語内世界における〈まなざし〉の行方がずらされる演出は『雨無村』では主人公たちの微妙な感情を表現する手法としてしばしば用いられる。図3もそのような例のひとつだ。紙面のレベルではメグの〈まなざし〉が銀ちゃんへ向かい、銀ちゃんの〈まなざし〉はそれを受け流すように左へと向けられている。しかし、ここでも物語世界内においてはメグは車のハンドルを握って正面を見ているのであり、銀ちゃんの〈まなざし〉こそがメグへと向けられているはずなのだ。〈まなざし〉が、見るキャラクターから見られるキャラクターへの感情をコノテーションとして持つことは明らかである。とすれば、ここで見られるような〈まなざし〉の行方がずらされる表現は、キャラクター間の気持ちのすれ違いを指し示しているのだろうか。〈まなざし〉の脱臼を特徴的なレトリックとして持つ『雨無村』という物語は、キャラクター間の感情のすれ違いを主題として描いたものと言えるだろうか。

図3 『雨無村』第1巻、p.20

　なるほど、二〇〇八年後半に刊行された『Girl's Comic At Our Best!』三号における「岩本ナオ座談会「天狗会議'08」」を見ると、そこで『雨無村』は「全員片思い」の物語であると指摘されている。[4] 同座談会が行われた時点では、『雨無村』の単行本は一巻までしか刊行されておらず、その段階では、銀ちゃんの思いはメグへ、メグの思いはスミオへ、そしてスミオの思いは銀ちゃんへと寄せられており、〈まなざし〉の行方が交錯し躓くのと同様、それぞれの思いも成就することはない。そのすれ違いの有り様こそが前景化していたと言えるだろう。しかし、「全員片思い」であると発言した野中モモは、同座談会で次のようにも述べている。

これ（引用者註：『雨無村』）も基本的に恋愛が成就しなくて、自分が思ってるように相手も想ってくれるわけではなくって、だけどお互いの人間関係的な思いやりってのはあって、それをどこかで信じている。個々の距離はそんなに埋まっていかないけど、繋がりは濃い。(5)

ここでは、「恋愛は成就しない」「個々の距離が埋まらない」といった否定的表現に対し、逆接を介して「人間関係的な思いやりがある」「繋がりは濃い」といった表現が対置されている。『雨無村』における「全員片思い」は単なるすれ違いとして処理されておらず、人間関係に関するより奥行きのある理解が示されていることが触れられているのだ。すでに物語が完結した地点から見れば、この物語は「単なるすれ違い」ではないどころか、〈まなざし〉の脱臼を繰り返しながら、それぞれのキャラクターの人間関係が編み直されてゆくポジティヴな方向性を持っていることは明らかである。そこで本章では〈まなざし〉を論じることを通して、野中の指摘を踏まえ、「個々の距離が埋まらないけど、繋がりが濃い」というよりは、「個々の距離が埋まらないからこそ、繋がりが濃い」という捉え方こそが『雨無村』が提示する関係のあり方であると主張することとしたい。

〈まなざし〉のネットワーク

『雨無村』の物語全体としては、スミオの銀ちゃんへの思いこそ成就しないものの銀ちゃんとメグは結末において結婚しているので、前半部で前景化していた「全員片思い」の構造は解消されていると言えるだろう。しかし、「個々のキャラクター間の距離」についての描き方は〈まなざし〉の躓きと関連する形で、この物語におけるひとつの鍵となっている。さりげない一場面であるが、図4を見てもらいたい。銀ちゃんがメグへの恋愛感情を初めて意識するこのシークエンスでは、銀ちゃんがメグを一方的に見ていること、そして読者は語り手（というよりは仮想的なカメラアイを通してと言うべきか）の〈視点〉から銀ちゃんの感情を視ているという図式がなりたっている。さらに読者が重ね合わせる〈視点〉からは、自らの感情に戸惑う銀ちゃんと頬を染めながらスミオにハンカチを渡すメグの姿が視えている。〈まなざし〉を通じてキャラクター間の心理的関係を表現する『雨無村』のレトリックにおいては、基本的にキャラクターを見ることによってその感情が表現されるのであり、キャラクターの〈視点〉と語り／仮想的カメラの〈視点〉が重なることは少ない[6]。基本的には銀ちゃんの内面に寄り添う形で物語は綴られており、それは内語によって感情が示されるこの場面でも同様だ。しかし、読者には銀ちゃんが知り得る以上の情報も提示されている。どちらかと言えば読者は、それぞれの〈まなざし〉の行方や空間上の位置、距離を把握できる〈視点〉から彼らを覗き見しているようなポジションに置かれているのだ。

図4 『雨無村』第1巻、pp.29–30

では、紙面上と物語空間内部に二重写しで張り巡らされる〈まなざし〉のネットワークを用いたレトリックを特徴とするこの物語において、キャラクターの〈まなざし〉の行方が示されない描写は、どのような意味を持つだろうか。たとえば図5。この見開きは、スミオがついに銀ちゃんに自らの気持ちを伝える場面である。左ページ一コマ目、スミオに口づけされる銀ちゃんは後ろ姿しか描かれず、その〈まなざし〉は読者の〈視点〉からは確認できない。むしろ、ここでは読者の〈視点〉は銀ちゃんに寄り添ったものとなっていると言って良い。この場面において〈まなざし〉が描かれず、語りの〈視点〉と重ね合わされる銀ちゃんは、一方的に視る立場にあるというよりは、むしろ決定的なまでに受動的である。〈視点〉の重ね合わせは一般的に登場人物への感情移入を促すものとして理解される場合が多い。しかし、この場面では、むしろはっきりと示されているのはスミオの感情であり、銀ちゃんの感情については汲み取ることが難しい。というよりも、この時点での銀ちゃんは、

図5 『雨無村』第1巻、pp.130–131

意外な事態を前に、言ってしまえば心理的にフリーズしている状態であり、自分自身がどのような気持ちであるかを理解するどころではないのではないか。

『雨無村』では〈まなざし〉の脱臼がレトリックの基調となっている。だからこそ、そのネットワークの内部にいる限りは、気持ちはすれ違い続けざるを得ない。しかし、この図5の場面においては、銀ちゃんは瞬間的に〈まなざし〉のネットワークから分断される。スミオの告白が行われる場面が、こうした描写のもとにあるのは偶然ではないだろう。ネットワークから断たれ、銀ちゃんが読者の〈視点〉と重なる位置に立つことで、スミオの思いは躓くことなく届くことになる。しかし、〈まなざし〉のネットワークから断たれた瞬間にしか気持ちが伝わらないならば、気持ちが伝わることは互い

図６　『雨無村』第１巻、p.164

の「埋められない距離」を露呈させるものにしかならない。『雨無村』では物語空間上での位置関係が心理的関係を示す上での手がかりとして機能しているわけだが、この告白の場面を契機に露呈したスミオと銀ちゃんの「埋められない距離」は、スミオが東京に残り村を離れるという、一層あからさまな形で表現されることになる。

同様に銀ちゃんの〈まなざし〉が描かれない場面として図６がある。ここでも、メグの気持ちがはっきりと示されることで、微妙に近づきつつあるかに見えた彼女と銀ちゃんとの距離が、やはり埋められないものとして露呈する。また、ここでも二人の距離が、車のウィンドウというもうひとつのフレームを通して視覚的にも隔てられていることは指摘しておきたい。

〈まなざし〉は躓き続けるばかりでなく、それが相手に届き、気持ちが伝わる瞬間において、むしろ決定的に相手との埋められない距離を露呈させてしまう。『雨無村』が提示する人間関係のあり方を〈まなざし〉の行方を通して追ってみれば、上述のようになるだろうか。しかし、既に述べたように、この物語の〈思想〉は、そうしたネガティヴな認識を乗り越える部分、その乗り越え方にこそ示されているはずだ。それぞれの間に横たわる距離、決定的で埋め難いものとしてのこの距離を、どのように再定義していくか。中盤以降の物語において、村おこしをめぐる展開の一方で綴られていくのは、そうした問題だ。たとえば、図7と図8を見てほしい。両者はともに片方のキャラクターの〈まなざし〉が描かれない場面だが、図5、6とは重要な点ではっきりと異なっている。両者はいずれも〈まなざし〉を描かれないスミオや銀ちゃんこそが、気持ちを伝える側であり、能動的な立場に置かれている。またもう一点、それぞれの場面の構図についても注意を向ける必要がある。いずれの場合でも、右斜め上のアングルから二人のキャラクターが捉えられており、両者の距離は俯瞰的に把握されている。埋めることのできない決定的な距離が露呈する図5、6に対し、ここではキャラクター間の距離は測ることのでき

図7 『雨無村』第2巻（小学館、2009）、p.17

図8 『雨無村』第2巻、p.88

る程度のものとして提示されているのだ。とりわけ、図8は銀ちゃんからメグへと向けられた感情が拒まれる場面ではなく、それが受け入れられる契機となる場面である。キャラクターが〈まなざし〉のネットワークから断たれる瞬間の意味づけにおいて、前半部とは大きな転換があると言ってよいだろう。

互いの間に横たわる距離は決して解消することはできない。しかし、その距離が俯瞰的に捉えられることによって関係性を肯定的に紡いでいくことができる。『雨無村』からは、そうした人間関係への観察を読み取ることが可能だ。こうした解釈に立った場合に大きな意味を持つのは、図9の場面である。東京でスカウトされ、舞台俳優としてデビューすることになったスミオ。その公演を観て（〈見て〉でも〈視て〉でもなく〈観て〉というべきだろう）、銀ちゃんはスミオに対して自分が抱いていたこれまでの印象を改めることになる。観客として舞台の上に立つスミオを観ることで、銀ちゃんはスミオとの距離を測り、再定義する。舞台の上と下、両者の間は明確に隔てられているが、だからこそ銀ちゃんはスミオを観ることができるのであり、スミオへの認識を改めることができる。お互いを隔てる距離を埋めてしまうような形で分かり合うことはやはりできないし、ここで銀ちゃんが理解しているのは、スミオの気持ちではなく、銀ちゃんの中でのスミオの位置づけだ。しかし、相手を一足飛びに理解するのでもなく、自分の気持ちを一方的に届けようとするのでもない、より緩やかな距離の取り方がそこにはある。

〈まなざし〉は脱臼され続けるが、一方で〈視点〉の担い手になってしまえば〈まなざし〉のネットワークから分断されてしまい、キャラクター同士が深いレベルでお互いを分かり合うことはできない。少女マンガというジャンルは、キャラクター間の深い相互理解をしばしば重要なテーマとしてきた。そ

図９『雨無村』第２巻、p.84

うしたテーマと、物語世界における空間的な秩序が時にあっさりと無視され、紙面における空間構成と交じり合うような重層的なコマ構成の採用は無縁ではないだろう。言葉についても、内語であるのか、発話された言葉であるのか、現在の時制のものなのか、未来の時制から振り返るようにして綴られるものなのか、そもそも担い手は誰なのか、語りの審級が曖昧にならざるを得ないような重層的な使用が行われる場合が多い。主客の秩序や自他の境界を曖昧にするようなこうした表現は、キャラクター間の心理的距離や境界も曖昧にし、相互の気持ちが浸透しあうような関係を自然なものと見せるレトリックとしても理解できる。(7)

対して、物語世界の空間的秩序が維持され、言葉の位相の重層性も目立たない『雨無村』では、気持ちがあっさりと通じ合い、分かり合えるような人間関係は想定されていない。つまり、キャラクター間の関係が究極的な理解といったゴールに辿り着くことはない。高柳紫呉は「少女マンガのモデル化に関する試論」で、岩本マンガを承認や自己確立を目指す「目的志向モデル」ではなく、「関係志向モデル」の作品であるとしている。(8) 高柳は「関係性モデル」において「適度な」距離というものを考える際に、価値判断はあくまでも双方のコンセンサスとして立ち現れる」(9) と述べる。この「関係性モデル」を踏まえてみれば、『雨無村』は、まさに〈まなざし〉のネットワークの錯綜が、観るという契機を介し調整され、互いの〈「適度な」距離〉が探られるという、そのプロセスを描く物語と言えるだろう。図10は、この物語のクライマックスと言ってもいい場面だ。桜まつりへの協力を終え（祭りへの参加自体、スミオが銀ちゃんやメグを始めとする村の人々との「適度な」距離を再定義する営みであることは間違いない）村を立ち去

図10 『雨無村』第3巻（小学館、2010）、pp.104-105

ろうとするスミオを、その後を追ってきた銀ちゃんが送るこの見開きでは、紙面のレベルでは、両者は右端と左端に配置され、物語世界内でもそれぞれの位置は丘の上と下であり、互いを隔てる距離は強調されている。しかし、ここで両者の間に横たわる距離が持つ意味は、物語前半とは別のものだ。両者の〈まなざし〉はここでしっかりと絡み合っているし、どちらかの言葉が一方的に滑り落ちていくわけでもない。この距離こそが銀ちゃんとスミオの関係を支えているのであり、だからこそこの場面は感動的である[9]。

自らの〈まなざし〉の行方を自覚し、その先にある人物との距離を捉え直し、関係性の網の目の中で互いを位置づけること。その営みを続けていくこと。すれ違いや躓きを繰り返し描きつつ、あるいはそれを描くからこそ『雨無村』がポジティヴな物語たり得るのは、そうした認識が提示されているからこそではないだろうか。最後のコマに描かれるのは、銀ちゃんとメグ、そしてその子どもたちの後ろ姿である。遠ざかってゆく彼らと、それを観る／読む私たちの間には埋められない距離がある。しかし、観る／読むことを通して、物語の中のキャラクターとも私たちは豊かな関係を紡いでいくことができるのだ。(10)

註

（1）夏目は、手塚治虫を論じることを通じて「マンガという表現の固有のしくみ」の解析を試み、自身をマンガ表現論の第一人者たらしめることになった『手塚治虫はどこにいる』（筑摩書房、一九九二）の中で、「僕が〈思想〉という場合には、表層的な言葉や意味として表現されているもの＝テーマというようなレベルではいっていない」としている（七七頁）。夏目がいうところの〈思想〉とは、描線の水準で実現されている「〈内面性〉のようなもの」あるいは、コマの水準での示される「〈物語〉の〈時間〉」などであり、（七七頁）、ストーリー内容において示されるものではなく、マンガとしての表現、視覚的なレトリックから読み取られるものと言える。

（2）泉信行『漫画をめくる冒険　読み方から見え方まで　上巻・視点』、ピアノ・ファイア・パブリッシング、二〇〇八、三一頁。ここでは近年の成果として泉の議論を取り上げたが、〈視点〉については竹内オサムによる「同一化技法」、〈視線〉については、夏目房之介によるコマ展開による「視線誘導」についての議論などが先行するものとして挙げられる。前者と泉の議論の関係については拙論「「視る」ための手がかりはどこにあるか――マンガにおける「視点」をめぐって」（泉信行他『フィクション・ハンドブック　物語にふれるときに』、ピアノ・ファイア・パブリッシング、二〇〇九、一一六〜一三八頁）にて整理を試みている。

（3）このような意味で〈まなざし〉という概念を捉える筆者の立場は伊藤剛の議論に示唆を得ている。伊藤は「マンガのふたつの顔」（『日本2.0　思想地図β Vol.3』、ゲンロン、二〇一二、四三六〜四八三頁）でキャラ図像の目が持つ働きを「目」と「まなざし」とに区別し、後者について「［枠線に区切られた『コマ』に規定され、隣接する前後のコマの意味を規定するもの」であり、「狭義にはそれはキャラが何かのほうにまさに『まなざし』を向けていることを示す、『まなざす』という行為の具体的な記述である」としている。

（4）卯月四郎・高柳紫呉・野上智子・野中モモ・真悠信彦・やごさん・柳田・sayuk「岩本ナオ座談会「天狗会議'08」」『Girl's Comic At Our Best!』Vol.3、Close/Cross、二〇〇八年、八頁。

（5）同右、一一頁。

（6）泉の議論では図4における下段右コマのような描写については、銀ちゃんの自己イメージが投影されたものとして、銀ちゃん〈視点〉の一コマとして捉えることが可能だろう。ただし、前後のコマにおいて銀ちゃんがおそらくは気付いていないメグの表情や〈まなざし〉が示されていることを踏まえれば、基本的に語りの〈視点〉は特定のキャラクターに寄り添ったものではなく、自在に焦点化を行うと考えてよい。

（7）こうした表現は無論、少女マンガにのみ登場するものではない。しかし、このジャンルの特徴として位置づけられる過程でこれらの表現に関する分析が重ねられて来たことは無視できない。

（8）高柳紫呉「少女マンガのモデル化に関する試論」『Girl's Comic At Our Best!』Vol.3、Close/Cross、二〇〇八、三七頁。

（9）同右、三八頁。

（10）もっとも、メグと銀ちゃんが結ばれる一方で、スミオが「適度な」距離を保ちつつ、東京という別の場所へと送り出されてしまうことは、ある意味で大変都合の良いことでもある。こうした点からこの物語の提示する価値観に保守性を見出すことは可能だろう。

3 「世界」の描き分け、キャラクターの対話

描画スタイルの併用について

描画スタイルと「世界」

一風変わった「マンガ」を紹介する所から始めたい。Barry Lyga原作、Colleen Doran画のグラフィック・ノベル『マンガマン MANGAMAN』(Houghton Miffmin, 2011)である。作画のドーランは、少女マンガの描き方本などの著作を持つアーティストであり、写実的なスタイルで描かれた現実世界に、日本マンガ風のスタイルで描かれたキャラクター(マンガ人間)が異世界からやってくるというこの物語は、北米において日本マンガがどのような特徴を持つものと捉えられているかを知るための、ひとつのサンプルと言えるだろう[1]。

たとえば、日本マンガ風キャラクターが現実世界に侵入した結果の怪現象として描かれるのが(図1)の二、三コマ目の出来事である。ここでは「マンガ人間」であるリョーコ(名前は女性のようだが

男性キャラクターだ）が振り向く際に描かれた「動線」が物質化してしまう。動線をはじめとして、背景に咲き乱れる花などの記号的な表現の物質化は、他の場面でもたびたび描かれ、この種の表現の多用が、作者たちにとって日本マンガの特徴として意識されていることがわかる。また、「……」とだけ描かれた吹き出しが、「あいつはなにを言っているのかな？」「彼は何も言ってないんだと思う」と言及さ

図１『マンガマン　MANGAMAN』（原作：Barry Lyga、画：Colleen Doran/ Houghton Mifflin，2011）

れたり、リョーコが日本マンガの読み方向の慣習に従い、ついつい他のキャラクターと逆にコマを「右から左」へと進んでしまうという場面なども描かれたりする。その他、少女マンガ風の描写と少年マンガ風の描写が区別され用いられるなど、なにかと興味深い点の多い作品だが、「MANGA」へのメタな言及を含む実験的作品としてのこの作品を論じることが本章のねらいではない。ここで考えてみたいのは、この作品に見られるような描画スタイルの併用、あるいは混在が、図像の連続による叙述形式としてのマンガにおいて持つ意味である。

『マンガマン』において、描画スタイルの違いは、そのままキャラクターの属する「世界」の違いとして機能している。写実的なスタイルで描かれた現実世界に「マンガ人間」が迷い込んでくるその設定を踏まえれば、これを「次元」の違いと言ってしまっても良いだろう。いずれにしろ、それは本来共存しえない、異なる位相に属するものであり、だからこそ両者の出会いが物語を駆動してゆくこととなる。『マンガマン』のように位相の異なる世界間の領域侵犯は描かれていなくとも、描画スタイルの描き分けによって「世界」あるいは、作中の語りの位相を区別するマンガは、日本においてもかなり早い段階から見ることができる。たとえば、一九五一年に東光堂から刊行された手塚治虫『化石島』では、写実的な線画で描かれた「現実」を枠物語とし、「夢」の世界でのエピソードが通常の手塚マンガのスタイルで綴られる入れ子形式が採用されている。

近年の作品に目を移すと、描画スタイルによる「世界」の描き分けに鮮やかな手つきを見せるものとして、九井諒子の短編集『ひきだしにテラリウム』（二〇一三）に収録されたいくつかの作品が挙げられるだろう。そのアイデアやストーリーテリングの卓抜さだけでなく、内容に即して描き分けられる描画スタイルの豊富さに、九井の短編作家としての資質がある。この短編集はそれをよく示すもので、実際、ウェブ上の言説などを見てみても、書評サイト「BookNews」での記事をはじめ[2]、その描き分けの技巧を評価するものが複数みられる。

実際、『ひきだしにテラリウム』では、その内容に合わせ、短篇ごとに様々なスタイルが採用されおり、その多彩さには驚かされるばかりだが、ひとつの作品内で複数の描画スタイルを併用するものとしては、たとえば「ショートショートの主人公」がある。この作品では、文字通りに「人間誰しも主人公」な世界で、あるキャラクターは少年マンガ風、別のキャラクターは少女マンガ風、またある人物は……と、それぞれが「主人公」をつとめるジャンルごとにキャラクターが異なるスタイルで描き分けられている。物語内では彼らは同じ世界の住人として描かれているが、もちろん、本来はジャンルを異にし、別の世界に属する者であるはずだからこそ、その共存が物語的興趣たりえるのである。さらに、『化石島』のように、物語内の現実世界と、その下位に属する世界とが描画スタイルによって明確に切り分けられているものとして、エッセイマンガ家を主人公に据え、おそらくは第三世界に属する架空の国を描く「えぐちみ代このスットコ訪問記　トーワ国編」がある。以下にこの作品について、簡単ながら紹介をしておきたい。

この作品では、作中作としての「エッセイマンガ」風の描画スタイルによる叙述と、相対的に写実性が高い物語内の現実を示す描画スタイルによる叙述とを往復しながらその物語が展開してゆく（図2）。

図２　「えぐちみ代このスットコ訪問記　トーワ国編」（九井諒子『ひきだしにテラリウム』イースト・プレス、2013、p.95）

ここでも描画スタイルの違いは、作中作と現実世界という、「世界」の違いを表現しているわけだが、それだけでなく、両者の違いはキャラクターごとの世界を捉える視点の違いを意味するものとなっている点が興味深い。作中作エッセイマンガでは、その主人公は当然マンガ家自身であり、異国の文化と風景をトラブルをも含めて楽しむさまがコミカルに描かれるのに対し、現実世界の中心人物となるのは、観光客向けのホテルでボーイをしている少年であり、彼の目からはそのマンガ家は裕福な国からやってきた呑気な観光客として反感とともに捉えられることになる。少年の屈折した視点と、それに気づくこともなく「目の大きな美少年」として描いてしまうエッセイマンガ家の視点。両者が交錯する中で、少年の屈折した感情がわずかにほころび、彼の目が外の世界である日本へと向けられる流れが、描画スタイルの異なる「世界」を対比しつつ描かれている。作中作であるエッセイマンガの方が現実世界での叙述を枠づけるものとなっている凝った構成ながら、それを淡々と読ませてしまう九井の技術の冴える掌編だ。

スタイルの描き分けと視点

ここまで、描画スタイルの違いが物語の位相の違いとして機能しているいくつかの事例を見てきた。コミック研究者のジョゼフ・ヴィテックは、特定の描画スタイルと物語タイプの結びつきを「モード」と呼び、コミックの世界には、省略と誇張を基本とした描画スタイルと荒唐無稽な物語内容が結びついた「カートゥーンモード」と写実的な描画スタイルと首尾一貫した物語への志向が結びついた「自然主義的モード」のふたつのモードが伝統的に存在してきたことを指摘している。[3] ヴィテックの議論は基本的には北米のコミック文化を念頭に置いたものであり、たとえば「スットコ訪問記」における描き分けがそのまま自然主義的モードとカートゥーンモードに重なるとは考え難いし、また、「ショートショートの主人公」などを見れば、ジャンルごとのより多様なモードを見出すのも可能であることが想像される。だがいずれにしろ、『マンガマン』も含めてこれらの作品では、描画スタイルと物語内容上のタイプとが連関していること、少なくともそのように読まれることが前提とされているのは確かだろう。こうした前提から考えれば、異なる描画スタイルの併用は、語りの位相を明確に区別するような叙述、あるいはあえて戦略的にそうした線引きに揺さぶりをかける叙述などの例外的な場合に限られるもののように思えてくる。

しかし、ここで前掲の『マンガマン』の一場面（図1）へ立ち戻り、その三コマ目から四コマの流れを見てもらいたい。あえて説明する必要はないかもしれないが、三コマ目中央に描かれているのも、四コマ目中央に描かれているのも、このマンガの主人公リョーコである。しかし、一見して明らかなように、それぞれのコマに描かれたリョーコのキャラ図像はその描画スタイルにおいて大きく異なっている。四コマ目のリョーコに比べれば、異なる世界に属するはずの周囲のキャラクターの方が、よほど他のコマのリョーコと近しい描かれ方をしているようにすら感じられる。もちろん、動線が物質化し、奇異な現象として言及されるこの物語においては、こうしたキャラ図像のふり幅の大きさも異様な変身とみなされ、周囲のキャラクターたちによって話のタネとされる。どうやら異質な描画スタイルの混淆は、この作品では、日本スタイルのマンガにおける特徴のひとつとして捉えられているらしい。『マンガマン』の作者たちは、日本マンガでは異なる描画スタイルの併用が通常の叙述の中で行われていることに着目し、それを半ば茶化すような形で言及してみせているが、とりたてて実験的な作品でなくとも異なるモードの並存が見られるのは、英語圏のコミックでも同様であり、カートゥーンモードと自然主義的モードが相互排他的なものではないことは、ヴィテックも認めている。たとえば三浦知志はヴィテックの議論を踏まえた上で、初期コミック・ストリップを代表するリチャード・F・アウトコールトの「イエロー・キッド」諸作に見られる、描画スタイル上の「均質性の欠如」について具体的に検証している。(4)

したがって、これを日本マンガのみの特徴として強調することに対しては留保が必要だろう。

いずれにしろ、描画スタイルの併用は、必ずしも奇異な表現とはならず、それが自然なものとして用いられる場合も、実は数多く見られる。少なくとも日本マンガにおいては、コミカルな振る舞い、あるいはキャラクターのかわいさを強調する演出が施される際に前後のコマとキャラ図像のデザインが極端に変わる描写は、さまざまな作品で見ることができる。ほとんどの場合、それはごく当たり前の表現として読み進められるはずだ。また、ササキバラ・ゴウは『〈美少女〉の現代史——萌えとキャラクター』(講談社、二〇〇四)で、一九八〇年代以降のマンガ表現においては、胴体は「大変写実的な手法でディテイルアップされ、まるで写真のように描かれているにもかかわらず、首から上は旧来のマンガ的な記号的な表現でデザインされた」キャラクターが多く描かれることを指摘している。[5]ササキバラが「キメラ」と呼ぶようなこの種のキャラクター造形のあり方も、描画スタイルの併用のひとつの事例と言えるだろう。ともあれ、描画スタイルの併用は、自然な叙述の中に繰り込むことが十分に可能であり、『マンガマン』や先に挙げたような九井の短編がなんらかの意味で「例外的」であるとするならば、それは異質な描画上のコードをひとつの作品の中に併用し、衝突させているからではなく、その併用を不自然な事態、ある種の特殊な叙述のあり方であるかのように扱ってみせるからなのだ。こうした作品を「異なる描画スタイルをひとつの作品の中に盛り込んだ実験的な作品」として見てしまいたくなる読者もいるだろう(かくいう私自身がそうなりかけたわけだが)。しかしながら、むしろこれらの作品は、一般的な叙述において見られる描画スタイルの併用の効果を、極端なやり方で際立たせているものとして考えた方が良い。

では、異質な描画スタイルの併用は、一般的にどのような効果を持つのか。ひとりのキャラクターを描く際に、キャラ図像をさまざまなスタイルで描き分ける場合について、考えてみることとしたい。前章でも言及したが、泉信行は、小林尽『School Rumble』を例にとり、ある特定のキャラクターを示す図像（本書で言うところの、キャラ図像）が、コマごとにさまざまなタッチで描き分けられている例を取り上げ、こうしたタッチの変化から、それぞれの場面が、どのキャラクターの「プライヴェート視点」から捉えられているかを読み解いている。ある女性キャラクターが彼女に憧れる人物のプライヴェート視点から捉えられた場合には華美なタッチで描かれ、一方で本人のプライヴェート視点に従って描かれた場合には素朴なタッチで描かれる、といったような、キャラ図像の描き分けによる自己イメージと他者からのイメージとのギャップの示唆は、『School Rumble』ほど極端でなくともしばしば見受けられるだろう。泉の議論は、微細な描き分けまで丹念に読み取るものだが、これを描画スタイルの描き分けにまで敷衍することは十分に可能であり、実際、「スットコ訪問記」はスタイルの差異によってキャラクターごとの視点の違いを際立った形で示している。しかも、この作品からは、こうした描き分けは、それぞれのキャラクターの視点の違いを示すだけでなく、同一キャラクターを示す一方で造形においては明らかな違いのあるキャラ図像の間に生じるギャップが、人物描写に活かされるものとなっている。

キャラ図像の対話／キャラクター

異国の少年の視点から捉えられた、おとなしそうで地味な日本人女性である「現実」のエッセイマンガ家えぐちみ代こ。デフォルメされた丸っこい身体で明るく旅行を楽しんでみせるエッセイマンガの主人公えぐちみ代こ。見た目上は大きく異なる両者を同一の人物と捉えた時、読者は、このキャラクターに「見た目」には表れない奥行きのある「内面」を見出すことが可能となる。(6) 一般的に描画スタイルの一貫性を維持することは「リアル」で卓越した表現とみなされがちだ。しかし、原理的に考えれば、どれだけ見た目上に類似していたとしても、別々のコマに配置された図像は本来「同じもの」ではない。「同じではないもの」を同一のキャラクターを示すものと見なすことが、マンガを読む上での基本的な営みである以上、図像同士の「似ていない」部分こそが、実は表現上の含意の豊かさを生み出すものなのだ。

たとえば**図3**を見てもらいたい。平間要『ぽちゃまに』（白泉社、二〇一二〜二〇二〇）は太った体格を気にする主人公の少女・紬が、「ぽっちゃりマニア」の後輩に告白され、交際してゆく中でコンプレックスを解消してゆく物語であり、紬の「ぽっちゃり」ぶりはことあるごとに言及され、擬音や独特の「つや」を表す記号表現などによって視覚的にも強調されている。しかし、**図3**に示したふたつの紬の姿を見比べてみると、それぞれの場面ごとに、その「太り方」にはふれ幅がある。物語上の時間にいくらかの開きはあるが、並べてみると、ふたつのキャラ図像は、その体つきの描写にかなりの違いがある

図３　平間要『ぽちゃまに』第１巻（白泉社、2012）p.44（上段）、p.163（下段）

のだ。ある時、筆者が『ぽちゃまに』における右記のような「ぽっちゃり」描写のふれ幅の大きさについて話していると、知人から「つまり作画が安定してないということか」という反応が返ってきた。なるほど一見すればそのように思えるかもしれない。しかし、ここに見られるのはむしろ、文脈に応じてそこに相応しい体つきを描き分ける繊細さである。太っていることを思わず忘れてしまうような瞬間もあれば、その身体がコンプレックスとして自覚される瞬間もあるし、「ぽっちゃりしていてかわいい」と見なされる瞬間もある。太っていることを単純に肯定的な価値づけするのでも、否定するのでもなく、両者の間をゆきつもどりつしながら、「太っている自分」を受け入れることを促すという作品の姿勢が、「ぽっちゃり」描写のふれ幅、その繊細な描き分けにおいて示されていると言えるだろう。キャラクターの「異なる姿」を積極的に利用し、いくつもの「世界」をわたり歩かせることは、いわゆる「二次創作」にも通じるキャラ表現の楽しみ方の本質的な面でもあり、同時に奥行きのあるキャラクターを生み出す際に有効なものでもある。あるキャラクターを表現する図像が互いに「似ていない」時、それは必ずしも作画の「崩れ」ではない。むしろ、異なる姿をした図像同士、異なる「世界」に属する図像同士の対話的関係性において、キャラクターは立ち上がるものなのだ。

註

（1）なお、筆者がこの作品を知ったのは、二〇一二年二月に京都国際マンガミュージアムで開催された研究会「変貌する米国コミック事情の最前線」における杉本＝バウエンズ・ジェシカの発表「北米でのマンガスタイルの『元祖』の事例として、Colleen Doran について」がきっかけである。

（2）「九井諒子『ひきだしにテラリウム』、驚異的な技巧で描き出された多層的な掌編集」、Book News：二〇一三年三月一五日、http://www.blog.livedoor.jp/book_news/25586578.html、最終閲覧日：二〇二〇年六月五日。

（3）Joseph Witek,"Comics Modes: Caricature and Illustration in the Crumb Family's Dirty Laundry," in *Critical Approaches to Comics: Theories and Methods*, eds. by Matthew J. Smith and Randy Duncan, New York: Routledge, 2012, pp.27-42.

（4）三浦知志「「イエロー・キッド」の描画スタイルにおける均質性の欠如について」、『ナラティヴ・メディア研究』第四号、ナラティヴ・メディア研究会、二〇一三、一五～三六頁。

（5）ササキバラ、二〇〇四、一五〇～一五一頁。

（6）たとえば、手塚の「落盤」（一九五九）では、ある事件のあらましが異なる描画スタイルで繰り返し描かれ、スタイルが写実性を増すにつれて、その複雑な真相とキャラクターの心理が暴きだされてゆくが、「劇画」風の絵柄の持つ含意の豊かさは、描画における写実性よりも、他のスタイルで描かれた内容との響き合う関係によって支えられている。こうした描画スタイルの違いに限らず、異なるタイプのキャラ図像を組み合わせることはキャラクターの内面を立ち上げる叙述における重要な仕掛けだ。

4 〝ぽっちゃりヒロイン〟は伊達じゃない

『BUYUDEN』にみる『少年サンデー』スポーツマンガの系譜

ふくよかな女性を「ぽっちゃり女子」とか「ぽっちゃり系」と形容することばづかいも、だいぶ定着してきたようだ。太っている（あるいは〝痩せていない〟）ことは、欠点とされがちだし、とりわけ女性にとってはそんな〝世間〟を意識する機会は多いだろう。「ぽっちゃり」という形容には、そんなネガティヴな印象を和らげ、太っている／痩せていないことをむしろ魅力としてアピールしようとするポジティヴな姿勢がよみとれる。近年では、痩せることに解決を求めるのではなく、ぽっちゃり女子としての生活を（時に自虐をおりまぜながらも）明るく描いたり、他者から肯定的な価値を見出され、承認されるなかで身体的なコンプレックスを解消してゆくようなマンガも描かれるようになっている。前者としていしいまきのエッセイマンガ『ぽっちゃり女子のときめきDays』、後者に平間要『ぽちゃまに』などが挙げられるだろう。

当然のこととも言えそうだが、こういう形でコンプレックスと向き合いつつ「ぽっちゃり女子」を登場させるものは女性向けのマンガに多く、男性向けの媒体に姿を見せる場合には、その豊満な身体に

図１　『BUYUDEN』第１巻（小学館、2011）、p.14

図２　『BUYUDEN』第６巻（小学館、2012）、p.62

フェティッシュな視線がむけられがちだ。[1] とはいえ、これも当然ながら、男性向けマンガにあらわれる「ぽっちゃり女子」ヒロインにしても、単に読者のフェティッシュな欲望に応えたり煽ったりするばかりのキャラクターとは限らない。たとえば、満田拓也のボクシングマンガ『BUYUDEN』（二〇一一～一三）のヒロイン・要萌花は、プロローグにあたる小学生篇が終わり、中学生篇に入ったところで一気に「ぽっちゃり」属性のキャラクターになる（図１・２）。スタイルの良い美少女だったヒロインの突如の変身は、ぽっちゃりキャラ好きな筆者の趣味はさておいても十分なインパクトを持っていた、と思う。萌花が関西弁ネイティヴのキャラクターということもあってか、そのぽっちゃりぶりは作中でもネタとしてきっちりといじられていて、ダイエットに関する悩みもそれほど真面目な問題としては取りあげられない。このあたりは、『ぽちゃまに』のような作品が〝太めのヒロイン〟を描くうえで見せる繊細さとは一線を画していると言えそうだ。しかし、このヒロインがストーリーの転換点においてぽっちゃりキャラへと脱皮するのは、単に奇をてらったというわけでも、コメディリリーフの役割を担うためでもない。『サンデー』におけるスポーツマンガの系譜のなかにこの作品を位置づけてみると、そこには意外とトリッキーで挑戦的な仕掛けがあることがわかる。ぽっちゃりヒロインを切り口とするのは奇策に思えるかもしれないが、意外とそこから『サンデー』のスポーツマンガの系譜が見えてくるのである。

『がんばれ元気』から『MAJOR』へ——『サンデー』スポーツマンガ、ひとつの系譜

満田の前作『MAJOR』は、一九九四年から二〇一〇年、実に一六年の長きにわたって連載され、アニメ化もされた大ヒット作だ。単行本も全七八巻を数える。主人公・吾郎の幼少期から始まり、小学生、中学生、高校生、そしてプロ野球、メジャーリーグへと、主人公の成長を追いかけながら進むこの大河的野球マンガについて、全体にわたる筋立てを綴りだすときりがないので端的に述べておくと、この物語において吾郎を根本的に動機づけているのは、「父の死」である。プロ野球選手である父の、試

合中にうけたデッドボールを原因とする不慮の死。彼岸にわたった父の、決して追いつくことのできない背中を追い、その父を死に追いやった投手であるジョー・ギブソンとの対決を目指し、吾郎は野球の道を邁進してゆく。

こうした主人公の動機づけ、物語の構造が『サンデー』のスポーツマンガを代表する作品のひとつである小山ゆう『がんばれ元気』（一九七六～八二）に範をあおいでいるのは明らかだろう。父ひとりと子ひとりで暮らす主人公・堀口元気は物語が始まる時点では五歳の少年である。ひとり息子に自らの生き方を見せるためにボクサーとして現役復帰した父・シャーク堀口は、若き天才ボクサー関拳児と拳を交え善戦するも、試合で受けたダメージが原因でこの世を去る。父の面影を追いながら、元気はいつの日か関と戦い、勝利することを心に誓い、プロボクサーを目指す。父子家庭である点や、ひとり息子のために父が再起するプロセスが描かれるあたりを見ても、『ＭＡＪＯＲ』が意識的に野球マンガ版『がんばれ元気』を目指した作品であることがわかる。

幼き日に亡くした父の面影に動機づけられて、主人公が父と同じ道を歩む『サンデー』のスポーツマンガとしては、『ＭＡＪＯＲ』の他にも村枝賢一『俺たちのフィールド』（一九九二～九八）なども挙げられる。『がんばれ元気』は『サンデー』におけるスポーツマンガのひとつの王道をつくった作品といえるだろう。

『がんばれ元気』は、ボクシングマンガの、いや、マンガ史全体をみてもひとつの金字塔である高森朝雄・ちばてつや『あしたのジョー』（一九六六～七三）や、その原作者である高森朝雄（梶原一騎）に対する〝アンチ〟を意識して生み出されたのだと、作者である小山は語っている。具体的に挙げられるのは「星一徹や丹下段平が自分のできない夢を飛雄馬やジョーに押しつけるのに対し、元気の父はそうしたことを望まない」点などだ。(2)米沢嘉博は「人生や人の生き死にまでも描こうとする凄絶さ」を売りにしていた梶原のスポ根マンガに対し、一九七〇年代後半に入ると、そうした「暗さ、情念、生死をかけた闘い」は否定されるようになり、「健全さと明るさ」が描かれることになったとし、『あしたのジョー』から『がんばれ元気』の間にスポーツマンガ史上の転機を見出している。(3)なるほど、元気は父の命を奪った関拳児を倒し、世界チャンピオンになることを目指してひたすらに突き進むが、それは決して復讐のためではない。

しかしながら、連載当時から約四〇年を経た今読んでみれば、元気やそのライバルの生き様も十分に凄絶なものとして、筆者には感じられる。なにしろ、その最終目標である関拳児も含め、主要な対戦相手は、一様にボクサー生命をかけた最後の一戦として元気との試合に臨むのだ。むしろ、アンチでありつつも、あるいはそれだけに、『あしたのジョー』や『巨人の星』を換骨奪胎して引き継いでいる部分の多さの方が印象に残る。元気とその父、シャーク堀口の関係は、小山自身が述べるように、飛雄馬と一徹の星親子の関係とは大きく異なる。しかし、一方で『がんばれ元気』もまた父子の異様なまでの絆を描いた物語であることも確かだろう。また、すでにこの世にいない人物が、その不在によって生けるひとびとを支配するという構造は『あしたのジョー』における力石徹とその死を思い出さないわけにはいかない。『がんばれ元気』は、梶原一騎的なスポ根のアンチを模索するなかで、むしろそこで描かれていた主題をより純化した物語構造を手に入れたのだ。

アンチスポ根なスポーツマンガの代表格として一時代を築くこととなったあだち充『タッチ』(一九八一~八六)も、やはり喪失の経験が主人公たちを強く動機づけ支配する物語だ。あだちは以降も、鏡像的、分身的な人物配置を用いながら、喪失についての、彼岸に去った人物をめぐる作品を繰り返し描くことになる。本田透は『タッチ』が熱血スポ根にとどめをさしたとする夏目房之介の評価[4]に異を唱え、あだちはむしろ「ラブコメの皮を被った梶原一騎」であり、同作は「『巨人の星』と『あしたのジョー』という梶原二大スポ根ドラマの複合体」であると喝破しているが[5]、梶原とあだちの間に『がんばれ元気』があることも、スポ根の解体と再構築の歴史のうえで忘れるわけにはいかないだろう。

『BUYUDEN』における解体と再構築

物語の舞台上から去った死者(多くは父的存在)の面影に動機づけられる構造が、スポーツマンガの系譜のひとつにあることを確認した。では、『MAJOR』でこの『がんばれ元気』的構造に真正面から取り組んだ満田がボクシングを題材に選んだ作品である『BUYUDEN』では、この課題にどのように答えているのだろうか。その基本的なストーリーを見てみると、その娯楽作らしい読みやすさに比して、実はかなり入り組んだ内容となっており、自らの属する系譜に自覚的かつ批評的な性格を持つものであることが伝わってくる。

主人公・武勇は成績優秀でスポーツ万能、ルックスも人並み以上と、なんでもできるだけに退屈な日常に倦んでいるという、いささか鼻持ちならない小学生として姿をあらわす。そんな勇の万能感に酔った鼻っ柱を折り、彼を退屈な日々からボクシングの世界へと連れ出すのが、ボクサーを目指す少女、要萌花だ。彼女に憧れ、また彼女の気をひくために勇はボクシングを始めることになるわけだが、萌花がボクサーを目指す動機の方は、試合でのダメージで命を落としたプロボクサーである父への愛情に由来している。母親こそ健在なものの、萌花のプロフィールが『がんばれ元気』を参照しているのは明らかだろう。また、小学生篇において勇が出会う他の主要人物に星豹真がいる。父親がボクシングジムの会長であり、姉の明奈もプロボクサーである豹真は、コンプレックスからボクサーへの道を挫折しかけていたが、勇たちとの出会いを契機として立ち直る。その名前からもわかるように、豹真ら星一家のプロフィールは『巨人の星』のパロディとなっている。ボクシングの世界に『巨人の星』めいた親子を登場させることは、もちろん同時に『あしたのジョー』への目配せでもあるだろう。

『がんばれ元気』や『巨人の星』を参照した、つまりスポーツマンガの主人公たるに十分な因縁をかかえたキャラクターに囲まれるなかで、何不自由なく恵まれた環境に育った主人公に、どのようにしてボクシングへのつよく、決定的な動機づけを与えるのか。それがプロローグである小学生篇の課題だ。そして、その動機づけをもたらすのは、やはり、理想的な存在を喪失する経験である。この場合、擬似的な「死」により絶対化される理想的な存在を演じるのはヒロインでもある萌花の役回りだ。

図３　『BUYUDEN』第５巻（小学館、2012）、pp.182-183

豹真の父が経営するジムに入会した萌花や勇たちは、こども向けのボクシング大会に出場する。そこで萌花は、昨年度大会の優勝者・筧将人と対戦し、互角の闘いで筧を苦しめつつも惜敗、さらに試合のダメージで網膜剥離となり、小学生にしてボクサー生命を断たれてしまう。勇は、そんな萌花の夢を受け継ぐ形で、ボクシングの道でチャンピオンとなることを誓う（図３）。ヒロインから託された夢を彼女にかわって叶えようとする主人公の造形も、また典型的なものと言えそうだ。しかし、萌花の網膜剥離によるあまりにも早い引退は、むしろ男女の（つまり勇との）身体的能力差が目立ってくることで彼女が躓く前に、その夢を奪っている。また、小学生篇においては萌花のボクサーとしての資質や経験は勇を上回るものとして提示されているし、豹真の姉・明奈という女性プロボクサーも描かれる。萌花にとってボクサーの道を歩むことは十分以上に実現可能なものとして示されていたのだ。

　こうした積み重ねは、彼女の夢を勇が受け継ぐことを単に「女（ヒロイン）が男（主人公）に夢を託す」のとは異なる意味づけをもたらすものであり、勇への動機づけと同時に、萌花を、主人公を見守り支える非主体的なヒロインとしないための仕掛けでもある。このことは勇がチャンピオンを目指すことを誓う場面で、彼女を「師匠」と呼ぶことにも明らかだ。勇にとっての萌花は、ヒロインであると同時に、ボクサーとしての理想でもある。ただし、忘れてはならないのは、勇がその背中を追う理想的な存在としての萌花は、元気の父がそうであるように、彼に決定的な転機をもたらすために物語から姿を消してしまっているという点である。

「見た目」の水準における差別化としての「ぽっちゃり化」

『BUYUDEN』が、これまでのスポーツマンガのパターンを踏まえ、かなりひねった形でそれを受け継いでいること、その「ひねり」において、萌花という喪失される理想的存在の役割とヒロインの役割を二重に背負ったキャラクターが大きな意味を持っていることを確認した。さて、こうした萌花の二重の役割を踏まえれば、中学生篇での彼女の「ぽっちゃり女子」への華麗なる転身も、単に奇抜なだけでなく、ある種の必然性をもつものとして理解できてしまう。『がんばれ元気』的な構造では、「父」の役割を担う存在は、主人公を動機づけ、物語を駆動してゆくために、決定的な形で退場する必要がある。この点から考えれば、小学生篇における勇の理想であった萌花はすでに喪われていなければならないので、中学生篇以降の萌花は、小学生時代とは十分に差別化されていなければならない。また、萌花にあっては主人公を見守り支えるヒロインとは異なる方向が目指されている以上、その差別化を小学生の頃の萌花がもっていた勇への優位性をただ奪うだけの消極的なかたちでやってしまうわけにもいかないだろう(6)。

萌花の「ぽっちゃり化」は、こうした小学生時代からの差別化の要求を満たすものとして理解できる。素朴すぎる指摘かもしれないが、ぽっちゃり化は、端的に「見た目」の造形、つまりキャラ図像の水準での、わかりやすい差別化をもたらしている。実際、別々の中学に通う萌花と小学校卒業以来に再会した勇は、その変貌ぶりにはじめは彼女に気づかない。また、そのふくよかな身体は、彼女がストイックな減量と切ってもきれない縁をもつボクシングのリングから降りていることを語るうえでも雄弁だ。さらに、そのぽっちゃり化にともなって萌花が新たなキャラクターとして再出発していることは、中学生篇の導入部が勇ではなく、彼女の視点から始まる点にも示されている。網膜剥離を機に一度はボクシングとの関わりを断った彼女が、勇と再会し、再びマネージャーとしてその世界に入ることを決意するプロセスがそこでは描かれる。小学生篇では勇にその背中を仰ぎ見られる側であった萌花が、「見る側」へと回るという役割の転換を果たしているわけだ。

だが、単に「見る側」に回ってしまうのでは、萌花の立ち位置は一般的なヒロインのそれになってしまう。ここで解決策になるのもその「見た目」である。これもまた素朴な指摘だが、萌花のぽっちゃり化は、彼女を勇よりも体格において勝るものとする要素なのだ。中学生篇で再会を果たした勇と萌花は、同じ高校に入学することになるが、この高校生篇に入ると、萌花はぽっちゃり化に加え身長ものびて、タテにもヨコにも勇より大きい存在となる。役割上は見守る側に回りながらも、見た目の水準では萌花は勇に仰ぎ見られる立場を維持することになるのだ（図4）。

もちろん、差別化がこのように「見た目」の水準でなされているので、萌花は主人公を見守り支えるヒロインの立場をすっかり脱却できてしまうわけではなく、そのことに悩む姿もしばしば描かれる。一般的なヒロインとしての立ち位置と、そこから離れようとする身体の緊張関係は、萌花というキャラクターの存在感を一層際立たせている。しかし、このような意欲的な仕掛けに満ちたぽっちゃりヒロイン萌花のインパクトは、本来であれば潜在的に物語を支配しつづけるはずの、理想化された小学生時代の萌花の面影をぬぐいさってしまっている。そのことは勇の動機づけをあいまいなものとし、主人公としてのキャラ付けを弱めてしまうものでもある。ようするに、ぽっちゃりヒロインとしての萌花は、あまりにキャラが立っていて、勇も、思い出のなかの萌花も完全に喰ってしまっているのだ。

図4 『BUYUDEN』第7巻（小学館、2013）、p.170

『BUYUDEN』は、スポーツマンガにおける主題的な系譜に自覚的に取り組み、新たなイメージを提示しようとした意欲的な作品だと筆者は考えているが、その構想を十分に描ききる前に終了してしまったのは、萌花というヒロインが文字どおり、あるいは見た目どおりに、大きな存在になりすぎてしまったからかもしれない。

さいごに、『BUYUDEN』でも見られた『がんばれ元気』的な物語構造の解体、再構築が『サンデー』のスポーツマンガの系譜として、他の作品にも共有されていることに触れておこう。田中モトユキが描くサッカーマンガ『BE BLUES!〜青になれ〜』（二〇一一〜）のことだ。

この作品の場合、決定的な形で退場し、主人公を動機づける存在となるのは、当の主人公自身である。やはりプロローグとして用意された小学生篇で描かれるのは、将来は日本代表入りを目指す主人公・一条龍のサッカープレイヤーとしてのまばゆいばかりの才能と将来性、それが痛々しい形で喪失されるひとつの事件である。全日本少年サッカー大会の埼玉県予選での圧倒的な活躍は、龍の日本サッカー界を担う存在としての輝かしい未来を読者に幻視させる。しかし、大会での神懸かり的な活躍をみせた直後に、龍は親友を助けるために事故にあい、腰椎を損傷する大怪我を負ってしまう。

その後、物語は龍がサッカープレイヤーとして再起してゆく姿を追いかけていくことになるが、その過程ではいくども事故以前の、あるいは事故にあわなかった場合の一条龍の姿が想起され、現在の龍と比べられることになる。永遠に喪われた理想的な存在は、ありえたかもしれない龍自身の未来なのだ。

理想的な存在の喪失を、死とは別のかたちで描き、「ありえたかもしれない未来の姿」を主人公が範とし追いかけるという構造は、ボクサーとして将来の道筋が示されながらも引退を余儀なくされる萌花を描いた『BUYUDEN』と共通する。物語上の要請のもと、死によってその生を奪ってゆくのではなく、象徴的な死は与えた上で別の生をキャラクターに歩ませるやり方は、キャラクター表現の今日的あり方から考えても興味深いものと言える（キャラクターの可能的な人生を奪うことをひとつの倫理的な問題としてとらえる村上裕一『ゴーストの条件　クラウドを巡礼する想像力』（講談社、二〇一一）を思い出しておいても良いだろう）。

さらに、『BE BLUES！』ではその喪われた存在の背中を追うのが他ならぬ自分自身であることで、あだち作品において繰り返し描かれてきた鏡像的存在をめぐる主題も巧みに取り入れている。ここで取りあげた主題的系譜が、この先『サンデー』のスポーツマンガにおいてどのように引き継がれていくのか。読者としてはそれを静かに見守り、応援していくだけだが、そこに主人公を見守り支える場所に安住しないヒロインの姿があることを、筆者としては願いたい(7)。

註

（1）『ぽちゃまに』の場合、「ぽっちゃりフェチ」の少年が相手役でありながら、主人公の身体へのフェティッシュな視線は微妙な手つきであいまいにされていて、その表現も興味深いが、本章の趣旨からは外れるのでここでは踏み込まない。

（2）宇都宮滋一『「ダメ！」と言われてメガヒット　名作マンガの知られざる制作現場』、東邦出版、二〇〇四、二六八頁。

（3）米沢嘉博『戦後野球マンガ史　手塚治虫のいない風景』、平凡社、二〇〇二、一四九頁。

（4）夏目房之介は「熱血スポ根が『タッチ』最終回の「もういいよ。疲れるから」でコケた」と述べている（『消える魔球』、新潮社、一九九四、一三〇頁）。

（5）「タッチは熱血を破壊したか？　あだち充トラウマ作家論」http://ya.sakura.ne.jp/~otsukimi/hondat/view/adati.htm（ただし現在当該URLはweb上に残っていない）

（6）満田は前作『MAJOR』でも、勝気で活発なヒロイン・清水薫を登場させている。しかし、小学生時代はチームメイトとして吾郎とリトルリーグでプレイしていた彼女も、ストーリーが進むにつれて主人公を見守り、応援するキャラクターへとその立ち位置を変化させてゆくことになる。しかし、メジャーリーグ篇では、吾郎の応援に集中するためにこれまで心血を注いできたソフトボールを辞めようした彼女が、葛藤の末にやはりソフトボールをつづけることを選ぶという、役割の変化に対する自己批評めいたエピソードが描かれている。

　このエピソードからは、スポーツマンガの典型的な物語構造において、ヒロインが非主体的な立ち位置へと追いやられがちであること、それに対して満田が意識的に立ち向かおうとしていることを読み取れる。萌花のキャラクター造形も、そのような一般的なヒロインの立ち位置とは異なる場所に彼女を立たせるための挑戦だろう。

（7）『BUYUDEN』の次作となる満田拓也の『サンデー』連載作品『MAJOR 2nd』（二〇一五～）は、『MAJOR』の続編である。茂野吾郎の息子・大吾を主人公とする本作では、そもそも前作が二世ものであっただけに親子の問題についても別のアプローチが取られている。前作のさまざまなキャラクターの二代目たちと自身を引き比べ体格や身体能力に恵まれないことにコンプレックスを覚える大吾の姿は印象的だ。それだけでなく、スポーツマンガにおけるヒロインをめぐる課題についても、満田の模索は続けられており、中学生篇に入ると大吾は女子選手ばかりの野球部でキャッチャー、そしてキャプテンをつとめることになる。成長期の少年少女の身体能力の違いが目立ち始める中で、主人公・大吾は女子選手たちを一方では率い、一方ではサポートする立場を演じている。

5　動かずに立つキャラクター

「死に様」から読む『島耕作』入門

フィクションのキャラクターながら、いまやその昇進がニュースにまでなってしまう、日本でもっとも名の知れたサラリーマン。それが島耕作だ。しかし、抜群の知名度を誇るにもかかわらず、あるいはだからこそ、その膨大な巻数に手をつけることなく、「団塊世代のエリートサラリーマンの出世物語」というイメージを抱き敬遠していたりする者も少なくないだろう。

もちろん、「団塊世代のエリートサラリーマンの出世物語」という理解は大筋では間違っていない。しかし、実際に紐解いてみると島耕作というシリーズ、そしてキャラクターは、そうしたイメージに収まりきらない面をさまざまに持っている。たとえば、島はたしかに仕事人間であるものの、実のところ、会社内での出世競争にさして積極的なタイプではない。そんな島が成功してゆくにあたって、強引なまでに事態が都合よく動いていくところがこのシリーズの読みどころであり、状況に巻き込まれるようにして出世してゆくその姿が、島耕作というキャラクターの不思議な魅力でもある。本章では、その特異なキャラクターの「生き様」を素描するにあたって、島耕作自身ではなく、彼を取り巻く、あるいは彼のそばを通りすぎてゆく様々なキャラクターの「死に様」の方に着目してみたい。

一九八三年に最初のエピソード「カラーに口紅」が講談社『コミックモーニング』に発表されてからすでに四〇年近くが経つ長寿マンガであるだけに、物語から退場していったキャラクターも枚挙にいとまがないほどだが、その際に「最期」が描かれる場合が非常に多いのは島耕作シリーズの特色のひとつでもある。はっきり言ってしまえば、登場人物がよく死ぬマンガなのだ。網羅的に扱うには膨大すぎるが、いくつかの印象的なエピソードを取りあげつつそのバリエーションを見てみたい。

病死・寿命——冷淡さと温かさの奇妙なバランス

後述するような派手な「死に様」も色々と披露されるこのシリーズの中で、病死はおよそ穏当な部類に入るように思える。

しかし、『部長』篇で島がサンライトレコードに出向した際にプロデュースし、見事に再起させた大物演歌歌手・八ッ橋新子のエピソードの場合、なかなかそうも言い難いだろう。新曲が大ヒットし、大晦日の晴れ舞台も近づきつつある時期に、八ッ橋が末期がんであることが明らかとなる。療養ではなくステージで輝くことを選んだ彼女は、見事に紅白のトリをつとめ、なんとか年越しイベントの会場までたどりつくが、その歌声を披露する前に倒れてしまう。一度は回復の兆しを見せるものの、自らの病気を賞レースで勝つためのネタにされたことを知ったショックで容体は激変し、そのまま帰らぬ人となる八ッ橋。最期の晴れ舞台を全うするカタルシスが得られるかと思いきや、失意のうちに死をむかえるのも意外だが、それ以上に驚くのは、彼女が死んで以降の展開である。八ッ橋の後援会長であった暴力団幹部が、彼女がいなくなったのをいいことにレコード会社に因縁をつけ始め、あわや島も指を詰めさせられようかという危機に至ったその時に、病院から八ッ橋の遺体が盗み出されたという情報が飛び込んでくるのだ。重要キャラクターが死を迎えるやいなや一気に「モノ」として扱われる（図1）。こうした突き放したドライさも島耕作シリーズの一側面だ。松下幸之助をモデルにその生前から立志伝中の人物として描かれる初芝の創業者・吉原初太郎の場合も、その突然の死は、悼む間もなく俗物たちのインサイダー取引に利用されることとなる。もちろん、泣かせるエピソードの中で病死が扱われることも多い。たとえば、吉原の死をインサイダー取引に利用した『課長』前半の憎まれ役のひとりで、派閥抗争に敗れて落魄してしまう宇佐美欣一の場合は、その潔い引き際が印象深く描かれている。左遷先の大阪で、がんに侵され自らの余命がいくばくもないことを知った宇佐美は、愛

図1　病に倒れ無念の死を遂げる八ツ橋（上：『部長』第5巻）だが、その余韻もさめやれぬまま遺体は「モノ」として扱われることに（下：『部長』第6巻）

図２　『課長』第４巻より。その俗物ぶりで憎まれ役として活躍した宇佐美だが、死の間際にはその潔い姿が哀感とともに描かれる。

図３　『取締役』第３巻より。サラリーマンマンガとは思えないほど、惨い殺人シーンも盛り沢山なのが島耕作シリーズである。

人との間になした生き別れの息子の働く店に足を運ぶが、あえて名乗りを挙げずに立ち去り、やがて静かに死を迎える（図２）。愛すべき人物の死は冷たく突き放したかと思えば、憎まれ役の最期に花を持たせてみせる。こうしたある種奇妙なバランス感覚は、シリーズ全体に通底するものだろう。

他殺——バイオレンスとアンチクライマックス

一読すれば気づくことだろうが、島耕作シリーズは、サラリーマンの世界を舞台にしているとは思えないほど、血なまぐさいエピソードが多い。

課長時代、テロリストの銃弾に斃れる島の同期・樫村の最期は、全編屈指の名場面だし、部長時代も暴力団がらみのエピソードはしばしば描かれる。二〇〇〇年代初頭から中頃に描かれ中国が主な舞台となる『取締役』『常務』篇になると中華系マフィアが幅を利かせ、先の見えない不況にあえぐ世相も反映してか、これまで以上に陰惨なエピソードが増える。こうした流れの皮切りになるのが、裏社会に強いコネクションを持ち、島の旧知の女性・片桐久子を陥れようとする柳燕生をめぐるエピソードである。島が雇った探偵の暗躍で失脚し、マフィアに拉致された柳の殺され方は、北野武監督作品『ソナチネ』(一九九三)からの影響を思わせる無惨なものだ(図3)。『社長』篇からは、島の課長時代に部下として登場し、その後次第に頭角をあらわして本社の営業本部長まで昇り詰めた名脇役・八木尊の悲惨な末路を挙げておきたい。クラブのママに入れ込んだ挙げ句にインサイダー情報まで提供したにもかかわらず、金さえ手に入れば用済みとばかりに女に袖にされた八木はストーカー化。旅先のロシアまで追いかけていった果てに、女を殺害してしまう。そして、彼女がインサイダー取引に利用した資金がロシア大使館の機密費だったために、この件を隠蔽しようとするロシア政府の勢力によって八木もまた無理心中に見せかけて殺される(図4)。

課長時代からの名脇役を見る間に転落させる容赦の無さには、病死の描き方とも通じるドライな距離

図4　めきめきと頭角をあらわし、一時は島へライバル宣言をするまでにいたった八木だが（上『取締役』第8巻）、色恋に狂ったその末路は悲惨だ（下『社長』第4巻）。

感がある。また、これら犯罪と関わる他殺のエピソードは、派手に目を引くものでありつつ、このシリーズのアンチクライマックスの傾向をよく示している。旧知の女性を罠にはめた柳にせよ、インサイダー取引に手を染めた八木にせよ、島に不利益をもたらす人物である。そして、いずれの場合でも、島は事態を把握し、なんらかの対処をしてみせているのだが、死による報いは、彼の手を離れたところでもたらされ、事態はうやむやの内に収束してゆく。樫村の死が際立つのは、容易にカタルシスに繋がらないさまざまな死に様のなかで、島から「愛している」という言葉を引き出すその最期が異質なほどにクライマックスとして成立しているからだろう。

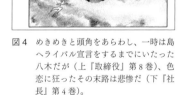

自殺——不況の犠牲者たち

不都合なキャラクターを退場させる責任をなかばご都合主義的にマフィアなどが肩代わりしてくれる他殺のパターンと対称的に、島がその責任を問われることが多いのが、自殺の場合だ。『部長』篇では、大学時代の同期による会社の業績不振を苦にした自殺が描かれるが、それは島にとって団塊世代である自身自身にも重なる問題として捉えられる。また、『取締役』篇では、初芝をリストラされた島と同期入社の男・浜坂が刀を携えて本社を訪れ、自殺騒ぎを起こす（図5）。結局は彼を説得できずに死なせてしまった島は当時の社長・勝木から厳しい叱責をうけ、取締役としての自らの立場を自覚する。さらに上海では初芝との取引中止を告げられた会社社長・水沢が、その直後に自殺してしまい、この時も島は大いに責任を感じ葛藤する。ただし、自殺の場合も当然ながら島が直接手をくだす訳ではないし、彼の想いと裏腹に「死なれてしまう」という構図は維持されている。

図5　『取締役』第1巻より。同期の出世頭である島を逆恨みした浜坂は、一方的な意趣返しとして島の目の前で自殺を図る。

図６　『専務』第１巻より。死の淵でついに島と「親子の対面」を果たすナンシー。あまりにも突然のその死には、さすがの島も鬱状態となった。

事故死──「死なれてしまう」ことの都合良さ

「死なれてしまう」というパターンの最たるものとして、『専務』篇で描かれる、島の娘・ナンシーの事故死が挙げられるだろう。

課長時代の島がアメリカに単身赴任していた際の恋人・アイリーンとの間に生まれた子であり、レコード会社に出向していた部長時代の島によってシンガーとして世に送り出されたナンシー（芸名：Nyacco）は、本当の父親が島であることを知らずにいる。『専務』篇に入り、久しぶりにアメリカを訪れた島が、かの地で暮らすナンシーの様子を調べてみると、若くしてショービズの世界で成功した者にありがちなゴシップセレブとして、彼女が転落の人生を歩んでいることが明らかとなる。心配して彼女のもとを訪れた島と面会し、更正を誓うナンシー。しかし、そんな矢先に自宅マンションに飛行機が墜落するという不運な事故が彼女を襲う。この事故によって致命的な重傷を負ったナンシーは、死の直前に、島が実の父であることを告げられ、この世を去るのだ（図6）。

ナンシーの余りにも不幸な事故死は、いかにも唐突な印象を与えるが、その一方で、島耕作が家庭を営むことのできない仕事人間として造形されている以上、自然な成り行きでもある。父親似の自由人として描かれているもうひとりの娘・奈美とはそれなりに良い関係を築けているものの、父親の愛を強く求めるナンシーの想いに、家庭人たりえない島はおそらく応えることはできない。ナンシーと島との親子関係を「成功」させるためには、彼が実の父親だということを打ち明けた、その先が描かれるわけにはいかないのだ。もし、島が父であることを明かし、ナンシーが生き残っていたなら、家族を省みない父と、父の愛に飢えた娘の関係は、いずれ破局を迎えていた可能性は高い。

おわりに

島を取り巻くキャラクターたちの印象的な「死に様」を並べあげればきりがない。また、様々な名キャラクターの生前が描かれる『ヤング篇』や『学生 島耕作』についても語っておきたい気はするが、どこかで切り上げて、実際に読んでもらう楽しみも残しておくべきだろう。そこで、本章を終えるにあたりあらためて、周囲の人物の「死に様」から浮かびあがってくる島耕作の「生き様」について考えてみたい。強調しておきたいのは、この主人公の無欲で受動的な面である。

自他ともに認める仕事人間であり、二〇二〇年現在、会長の座を退いた後も相談役として忙しい日々を送る島耕作だが、既に述べたように実のところ出世に対しておよそ意欲的ではない。上の人間に睨まれ、仕事上の大きなミスもないままに左遷の憂き目にあう。そんないかにも日本のサラリーマン社会らしい仕打ちを、島は幾度か経験しているが、こうした「島流し」の期間において、彼が自らに降りかかった政治的な処断に憤ったり、臥薪嘗胆、再起を誓ったりする様子は見られない。むしろ、左遷された先での仕事や人間関係（それは多くの場合、女性関係なわけだが）に魅力を見出し、楽しんでしまえるのがこの男であり、その意味では、出世も左遷も、仕事環境に新たな変化をもたらすものという意味では彼にとって大差はない。(1)

こうした島の受け身ぶりは様々なキャラクターに「死なれてしまう」ことで関係にケリが着くというパターンにもよく現れている。自らを追い落とそうとする策謀にも、「振りかかる火の粉を払う」という態度でしか抵抗せず、ライバルを倒してのし上がろうともせず、決定的な場面でもなるだけ自ら「とどめをさす」ことを肯んじない島の生き様は、自分からはけっして手を出さず、常に相手から迫られるという異様なまでのモテ男ぶり同様、「汚れ役」を演じさせないための作劇上の都合が大きいだろう。(2)しかし、左遷されても意に介さず、ライバルを蹴落としもせず、ゆったり構えて仕事を楽しむ島にまかせていては、物語は前に進まない。故に、常に状況を動かすのは周りの人物たちなのだ。

そう考えると、サラリーマンものとしては逸脱的といえるほどのバイオレンスが描かれながらも、多くがクライマックスに達することなく収束していくのも、島の腰の据わった無欲ぶりが勝利をおさめた結果なのだろう。一方で、ドラマチックな盛り上がりがはっきりとあらわれやすいのは（樫村の死もふくめ）性愛の絡む関係だというのも、このキャラクターの性格を示しているようだ。もっとも、その場合ももちろん、積極的に働きかけるのは島ではなく相手の方である。

カタルシスをもたらす展開を飄々とかわし続ける島をどうにかして突き動かそうと、周囲のキャラクターはさまざまに立ち回り、時に死んでゆく。それに巻き込まれ、促されながら、いつの間にかみるみると成功をおさめてゆく。堂々たる主人公のように見える島耕作だが、実はなかなかつかみどころのない、しかし強かな、おそるべきキャラクターなのだ。そして、この飄々とした様子と一筋縄では行かない強かさは、このシリーズそのものの魅力でもあるのだろう。

註

(1) 島耕作は広告なども含めてさまざまなコラボレーション企画に起用されており、原作マンガの外でもそのワーカホリックぶりを見せつけているが、中には「異世界転生」する『騎士団長 島耕作』(シナリオ・別府マコト、マンガ・宮本福助、一迅社)のように、冗談としか思えないようなものまである。しかし、島の受動的だが楽天的な仕事人間ぶりを踏まえると、このキャラクターの余りに仕事を選ばない活躍ぶりもどこか納得のいくものに思えてしまう。

(2) 弘兼憲史は『島耕作クロニクル 40th 1970~2010』(講談社、二〇一〇)のインタビューで、島のモテぶりについて、「次から次へ女を口説くような人は、やっぱりどこか信用できない」から「女性の方から勝手に来て、勝手に去っていくという形にした」のだと語っている。

6　岩明均の輪郭、線

パラサイトからマンガ的人間へ

リーニュ・クレールとフォトリアリスティック

日本でも児童書としてよく親しまれる「タンタンの冒険」シリーズの著者エルジェの作風は、事物の輪郭をくっきりとかたどってゆく均質な描線で知られ、彼によって代表される表現上のスタイルは「リーニュ・クレール（明快な描線）」と呼ばれている。

もし、エルジェがこのリーニュ・クレールではなく、「フォトリアリスティックなスタイル」でタンタンの活躍を描いていたとしたら――ベルギーのマンガ研究者パスカル・ルフェーヴルは、『子連れ狼』を分析した「ミザンセーヌとフレーミング」という論文をこのような問いかけから始めている。(1) さらにルフェーヴルは、クリス・ウェアの『ジミー・コリガン』が淡々と矩形が連なるあのコマ割りで描かれていなかったとしたら、大友克洋がカートゥーン風の動物キャラクターでもって『AKIRA』を描いていたら――と問いを重ね、マンガの内容、そしてその解釈や感じ方における「形式の重要性」

を強調していく。「マンガというメディアにとって形式はストーリーの内容を入れておくだけのニュートラルな容器ではない」というルフェーヴルの立場はしごく真っ当なものだし、そこに疑問を差しはさもうとも思わない。ただ、人物や背景をかたどる均質でくっきりとした輪郭線に特徴づけられるリーニュ・クレールと対比させられるのが「フォトリアリスティックなスタイル」であることに、私は立ち止まってしまう。

ルフェーヴルがフォトリアリズムのマンガとして、いかなる作家や作品を念頭に置いているのかは明言されていない。しかし、彼も名を挙げた大友克洋などを想起すれば、均質的な線で輪郭を描くことは、写実的であることと衝突するどころか、時に素晴らしい相性を示すものであるようにも思える。もちろん、リーニュ・クレールはただ描線の質においてのみ特徴づけられるわけではないし、右のような感想を抱いてしまうことと、私が、モノクロを基本とする日本マンガの「線画の世界」に強く規定された読者であることは、無縁ではないのだろう。しかし、どんなタッチの描線が採用されるかが、それによって描きだされる事物のかたちを直ちに決定するわけではないのだから、明快な描線による輪郭が、物語の内容やその解釈、感じ方にもたらすものについて考える時に、異なるありかたの線との対比に訴えてみるのは、悪い道筋ではないはずだ。

図１　「骨の音」（1989）『新装版　骨の音』（講談社、2003）、p.216

図２　『ヒストリエ』第５巻（講談社、2009）、p.170

色彩から線画へ

　同じかたちであっても、その輪郭をとらえる描線のありかたが変われば「なにか異質なもの」になってしまうのではないか。一九八〇年代に発表された作品を集めた短篇集『骨の音』と、二〇〇三年に開始され現在も連載が続く『ヒストリエ』の単行本、それぞれを手に取り、任意のページを開いてみれば、岩明均のマンガについて考える時に、こうした問いが呼び出される理由が理解してもらえるはずだ。作家としてのキャリアを積み重ねるなかでの岩明の描線の変容は、それほどまでに明らかである。強弱の目立つ鋭角的な線を、いくつも重ねて輪郭がかたどられている初期短篇（図１）と比べて、『ヒストリエ』では事物はくっきりとした均質な描線でとらえられていて（図２）、生々しい手触りをそこに感じとることは難しい。

　こうした描線の変化について、単なる技術的な向上、職業作家としての洗練の結果にすぎないと考える者もいるだろう。もちろん、技術的な巧拙が描線の違いに関わっていることについて否定する必要はない。しかし、技術的な巧拙によって生じた違いであろうがなかろうが、描線が異なれば、読者に与える印象もやはり異なるのではないだろうか。また、「骨の音」（一九八九）でのカスレを利用した黒髪のハイライト表現などを見るに、描線の手触りを際立たせることは、初期作品における表現上のねらいとしてあったのだと思しい。

一九八八年から九五年にかけて『月刊アフタヌーン』に連載された『寄生獣』が岩明の代表作のひとつであることは論をまたないだろう。この作品が『BSマンガ夜話』で取り上げられたのは連載が完結してから数年を経た一九九八年のことである。この番組のなかで夏目房之介は、単行本第一巻表紙のカラー絵（図3）を例示し、岩明は「絵としてはファインアート系のひと」であり、「輪郭をはっきり描いた絵の方が平坦に見える」と評している。なるほど、ここでは輪郭線よりも力強く重ねられる色彩を用いて、面によってかたちをとらえることが、優先されている。一方、『ヒストリエ』第八巻の表紙（図

図3 『寄生獣』第1巻（講談社、1990）表紙

図4 『ヒストリエ』第8巻（講談社、2013）表紙

4）を見てみると、ここでは事物のかたちはシンプルな輪郭線によってとらえられている。カラーについても塗り重ねた力強さよりも、淡い色づかいが印象的だ。

リーニュ・クレールの源流にロドルフ・テプフェールを位置づけるブノワ・ペータースは、「マンガの発明者」として知られるこの人物とエルジェとの間に多くの共通点を見つける一方、両者の違いとして、ともに線描に第一の価値を認めながらも、後者が商業的な要請のもと、カラー作画に取り組むようになったことに言及している。(2) モノクロ中心の日本マンガのなかで油彩画的な手法からクリアな描線へと進んでいった岩明の絵は、色彩から線画へという、エルジェとは逆のルートを辿っているようにも思える。(3) いずれにせよ、岩明の画風の変化に、単なる技術的な巧拙以上に、その志向の転換を看取することとは、うがちすぎた見方ではないだろう。ただし、あらためて繰り返すことになるが、本章でこだわってみたいのは、色彩から線画への転換というよりも、それにともなう描線のありかたの変容である。

記号に徹しきれない記号

マンガにおける描線について考える時、まっさきに念頭に浮かぶ名前のひとつは夏目房之介だ。彼が『BSマンガ夜話』で岩明の絵をファインアート志向のものと評したことはすでに述べたとおりだが、その際に夏目は「記号」ということばも持ち出している。『寄生獣』の、とりわけ連載前半における描線は、『骨の音』収録作と同様の強弱がはっきり出た線が用いられているが、夏目はさらに、輪郭が直線的にとらえられていることにも触れつつ、その絵があまりにもケレン味に欠けていることから、岩明が「マンガの記号の絵」を得意としていないと語っている。このように語った時、夏目は「記号」ということばによって、なにをつかまえようとしていたのだろうか。

補助線となるのは、同じことばを用いたいしかわじゅんの発言だ。夏目と同じくマンガを描き／語る論者であるいしかわは、同番組のなかで、岩明にとって絵は記号に過ぎず、それをいかに並べるかにこそ作家の力量が注がれているという見解を示している。『寄生獣』において、絵は記号なのか記号ではないのか。一見すると、いしかわの見解は、夏目のそれと対立しているように思える。しかし、出演者同士が激論を交わすような趣旨の番組でないこともあるだろうが、夏目からの反論はなく、いしかわの発言はむしろ肯定的なそぶりで受け入れられている。なるほど、ふたりの発言は、実のところ岩明の絵に対するおおむね同じような理解に基づいているのだろう。岩明について、両者がともに高く評価しているのはその構成力だ。必ずしも高い作画技術で描かれているわけではないが、すぐれた構成力に支えられることで、『寄生獣』は抜群に「読ませる」マンガとなっているし、「巧い絵」ではないことは否定的要素となっていない。両者の共通見解は、ひとまずこのようにまとめてしまえるだろう。しかしその一方で、ふたりの間には「巧くない絵」に関するニュアンスの違いがあるように思える。

その構成力を高く評価しつつ、「絵にはあまり興味がない」のだろうと語るいしかわにとって、岩明のマンガの絵は「読む」ためのもの、つまり意味を伝達するものとしての「記号」であり、これを「見る」ものとしてとらえた時には「巧くない」ものとしてあつかわれる。一方で、そのファインアート志向に着目する夏目からすれば、岩明が「苦手＝巧くない」のは、「マンガの記号」としての絵である。キャラクターの輪郭をかたどる直線的な描線や、パラサイト三木の表情の「不自然さ」を指摘する夏目にとって、岩明の絵は、時に「読む」ことへの没入をさまたげ、その線が「見る」ものであることに立ち戻らせる、そんな契機を孕んだものなのだろう。そのことは、夏目が岩明均に、やはりそれ自体が自己主張するような個性的描線を持つ諸星大二郎との近しさを見出していることからもうかがえる。

本来は多義性を持っている線が、意味と結びつき記号としての絵になる瞬間。にもかかわらず、時に絵が記号であることをやめて「線の多義性」を取り戻す瞬間。マンガ表現論は、「記号としてのマンガの絵」をあつかうものと考えられがちだが、夏目の議論には、一貫してこうした「線の多義性」への関心がある。時にそれ自体が自己主張をはじめるような『寄生獣』における岩明の描線に、夏目の目が引きつけられるのも当然だろう。

馴致される多義的な線

『寄生獣』が岩明均というマンガ家のキャリアにおける大きな転換点であることに異論のある者は少ないだろう。描線のありかたの変容について見てみる時も、この作品はやはり転機であるように思える。

夏目は『寄生獣』での岩明の描線が持つ、記号に徹しきれない不安定さを指摘していた。しかし、物語終盤の絵を見ると、こうした描線の不安定さが、次第に飼い馴らされていったことが見えてくる。それがとくに明らかなのは、やはり単行本の表紙かもしれない。アフタヌーンコミックスでの最終一〇巻の表紙（図5）では、主人公・泉新一の姿がおだやかな表情で描かれており、その輪郭はくっきりとした描線でかたどられている。しかし、それ以上にここで目を引くのは新一の服装であり、その白いシャツには縦の線が引かれている。縞模様が塗られるのではなく、引かれた線がここに描かれていることは、岩明の絵における、明快な描線への志向の変化をよく示しているように思える。『寄生獣』連載の最中で起こったこうした描線の変容は、その物語になにをもたらしたのか。パラサイトたちの辿った命運が、そのことを教えてくれるだろう。

図5『寄生獣』第10巻（講談社、1995）表紙

「線が何かをあらわそうとする以前の段階の、ヘビにもヒモにもなるような原初的な線の面白さ」をたたえた、つまり「線の多義性」へと読者を立ち返らせる描線を自在にあやつるマンガ家として、夏目房之介は杉浦茂の名前を挙げている。[4] 杉浦のマンガについて、その線が持つ「いつでも何か全然別のものに変化してしまいそうな生命感」や、「雲から手だけ生えていたり、意味もなく目が縦について指が変に長くなったり、自由自在に変化」するような、あ

図6　杉浦茂『猿飛佐助』（筑摩書房、1995）、p.71

図7　『寄生獣』第5巻（講談社、1992）、p.71

るものが他のものへと「いつでも入替え可能な多義的な線」について語る夏目のことばは、そのまま『寄生獣』におけるパラサイトにも当てはまるように思える。杉浦の描く融通無碍に姿を変えるキャラクターたち（図6）と同様、不定形で可塑的な、身体というにはあまりに心もとない変幻自在な細胞の集合であるパラサイトたちも、「線の多義性とコマによる不思議な飛躍」の言いしれない魅力を感じさせる独特な生命体である。たとえば、好奇心のまま飛躍する自らの思考のかたちそのままに、自由に輪郭を変えてみせるミギーの姿（図7）は、「線の多義性」において杉浦と岩明を並べてみせることへの確信を、私たちに与えてくれるのではないか。ただし、杉浦世界の線の多義性が、雲をかたどる輪郭も人間をかたどる輪郭も同じ質感の描線を持っていること、つまり同じ描線でどんなかたちをも描きうることに支えられていたのに比べた時、岩明がパラサイトを描く線の特異な点は、その質感における多義性にあることには注意を促しておきたい。時にはゴムのような伸縮性を、時には刃物のような硬質さを―かたちに応じたその質感の変化は、岩明の描線、そのタッチが孕む不安定さに支えられていたのかもしれない。

パラサイトが不安定さを孕む「線の多義性」を生命力の源とするクリーチャーであるとすれば、岩明の描線が均質的で明快なものへと近づいてゆく道程と彼らが辿る命運との符合も、くっきりと明快なものとして見えてくる。パラサイトたちは、その多くが人間たちに駆除され、人間への理解を深めたある者は自分でもはっきりとは気づくことのないまま母として死んでゆき、ある者は戦闘生物としての強さを窮めながらもちっぽけな人間に敗北し、ある者は内的世界へと沈潜し宿主の右腕のなかで（あるいは右腕となって）深い眠りにつく。このようにしてパラサイトたちが敗れ、あるいは人間の社会や身体のなかに取り込まれたりしていくのと足並みをそろえるかたちで、岩明の描線における線の多義性も馴致され、「マンガの記号の絵」として洗練されてゆく。ひとつの身体に五体のパラサイトが宿り、しかもその意志が完全に統合された物語中で最強の存在である後藤の姿（図8）を見てほしい。彼のキャラ図像は多義性を孕んでいたはずの描線が、「記号の絵」として馴致されてしまったことを露骨なまでに示している。全身を寄生体でおおった後藤の、美しく均整のとれたフォルムは、もはや「何か全然別のもの」に変化する予感を、私たちにもたらすことはない。

図8『寄生獣』第10巻、p.94

すこし事態を悲観的に描写しすぎたかもしれない。だから、その描線が不安定さを孕んだものから均質的で明快なものへと洗練されていったことで、岩明の世界からパラサイトたちが駆逐されてしまったわけではないということを書き留めておこうと思う。そのためにはまず、均質な描線への変化がなにをもたらしたかについて、考えてみる必要がある。はっきりと指摘できるのは、その身体をかたどる輪郭線や表情にある程度の「自然さ」が獲得されたということだ。『寄生獣』の頃よりもやわらかさを増した線で描かれる『ヒストリエ』のキャラクターたちの表情は、直線的で鋭角的な描線で構成された輪郭が持っていた固さと比べれば、その心情をなめらかに読者に届けてくれる。キャラクターたちの自然な表情を眺めていると、いまや岩明マンガは「読むものとしての絵」であることに躓いてしまう瞬間を忘れてしまったように思える。しかし、彼らの豊かで自然な表情は、実のところ、パラサイトたちから受け継がれたものである。そのことは忘れてはならないだろう。

『寄生獣』では、人間に比べて、パラサイトたちの方がはるかに表情豊かなキャ、ラ、ク、タ、ーであった。このような主張に疑問を抱く者も、当然いるはずだ。たしかに物語のなかでは、パラサイトは人間が持つ「情」に対する理解を示さない存在としてあつかわれているし、彼らを描く際には、すわり気味の三白眼などが、「無表情」を意味するものとして一貫して用いられている。ただし、それは彼らが人間を擬態している限りにおいてのことだ。たとえば、先に杉浦との類比のために示したミギーの姿が、果たして無表情なものと言えるだろうか。あるいは、予想すらしていなかった新一からの一撃に深手を負い、苦悶の声をあげる「A」（図9）は、果たして無表情でありうるだろうか。

　こうした融通無碍な「変形」を表情とみなしたがらない者もいるかもしれない。であれば、頭部への寄生に失敗し、顔面の下半分を奪うことしかできなかったジョーとその宿主・宇田のコンビのことを考えてみても良い。顔の輪郭が様変わりしてしまうほどのダイナミックな表情の変化（図10）は、作中でももっともいきいきしたもののひとつだろう。そしてまた、顔のかたちが様変わりするような表情の変化は、そもそもマンガにおいてとりたてて不思議なものではないこと、『寄生獣』のなかで、時に人間たちもそうした「変形」を不格好にまねてみせていることも（図11）指摘しておきたい。

図9　『寄生獣』第2巻（講談社、1991）、p.6

図10　『寄生獣』第6巻（講談社、1995）、p.76

図11　『寄生獣』第1巻、p.176

このような例示は、いくつでも積み重ねることができる。だから、ここで私は次のように言い切ってしまいたくなる。人間を擬態した時の彼らの固い顔つきは、『寄生獣』の物語世界を生きる人間たちの無表情を模倣したにすぎないのだ、と。パラサイトをかたどる輪郭線が、人間たちをかたどる直線的で鋭角的なものではなく、曲線を中心に構成されていることも、それをよく示しているように思う。ストーリー上ではパラサイトは人間たちに駆逐され、その姿を消してゆくことになる。しかし、描線の水準で、パラサイトたちは密かにその領土を拡大していたのだ。

では、パラサイトたちは、描線の水準における生存競争において、この種を、記号の絵になりきれない不器用な人間たちを、すっかり喰いつくしてしまったのだろうか。おそらくそうではない。もっとも豊かな表情を持ち合わせていたのが、宇田とジョーのコンビであったことを思い出しておこう。一方では異なるものが、他方では同一のものと見なされる。キャラクターとしての「自然」な表情や「内面」は、そうした異質なもの同士の接合において編み出される。そもそもマンガのキャラクターは、紙面上のそれぞれ異なる場所に配置された別々のキャラ図像が、同じ誰かを指し示すものだと見なされるその時に、物語のなかで生を獲得する。あるキャラ人格を指し示す複数のキャラ図像間の差異や落差は、ひとりの人間が持ついくつもの別々の顔となって、キャラクターを多面的で豊かな表情を持つものへと組み立ててゆく。宇田とジョーという別々の存在が、ひとつの顔の上で同時に別々の感情を表す。この葛藤が、ひとつの豊かな表情を作り出す時、そこではマンガのキャラクターが元来持っているキメラ的な性質が一コマのなかで演じられている。線の多義性とたわむれるようなパラサイトたちの自在な変形が強いインパクトを持ち得たのも、固く不器用な人間の顔との落差に支えられたものに他ならない。人間とパラサイトの落差、葛藤から、キャラクターの「内面」や豊かな感情が立ち上がるのであれば、クリアな描線への変容をへて、顔の輪郭を様変わりさせるような「変形」をも巧みに演じるようになった岩明マンガのキャラクターたちは、パラサイトでも人間でもなく、両者が混じった「マンガ的人間」なのだ。[5]

そのようにとらえた時、自然な表情で泣いたり笑ったりする一方で、どこか冷淡にも見える『ヒストリエ』のキャラクターに、私たちはミギーの面影を見つけることができるだろう。

マンガ的人間たちの領土としての古代

『寄生獣』を終えた岩明は伝奇ＳＦ『七夕の国』[6]を経て、史劇の世界へと辿りつく。描線、そしてキャラクターの変容を考えれば、岩明がミギーと新一の子孫たるマンガ的人間たちの活躍の場として古代を選びとったのは、納得の行くことのように思える。泉信行は『ヒストリエ』の絵柄について、描線のシンプルさ、ページ全体の「白さ」を、その特徴として取りだしている。[7]シンプルな描線に注意を促す泉の視線は、本章のそれと重なるものだろう。泉によれば、こうした画風の特徴は、『ヒストリエ』に「古代の情報的価値観」の再現という成果をもたらしている。岩明の、明快というよりむしろ淡白ですらある描線は、時には登場人物の心理も含めて、余計なものを描き出さず、その世界にたっぷりとした余白を与える。こうした画面の「白さ」は、あふれる情報で隙間なく埋め尽くされた現代と、古代世界との景色の違いを示すものであることを泉は指摘する。

もちろん、古代世界の人間たちが世界をどのように見ていたのかは知りようもなく、『ヒストリエ』で描かれている景色がどの程度そこに近づいているのか、私たちに判断できるはずもない。しかし、岩明が提示しようとしているのが、現代とは「文化が違う」世界の景色であるという泉の見立ては、私にとって興味深い。『寄生獣』は、私たちの世界に侵入してくる異質なものを描いていた。しかし、物語のなかでは人間はパラサイトたちに勝利をおさめたように見えるものの、描線の変容とともに岩明の描く世界はマンガ的人間という異質なものの住まう場所へと姿を変えたことはここまで見てきたとおりである。(8)

そして、『ヒストリエ』の古代世界は、そこに暮らすひとびとが現代に生きるわれわれとは「異質なもの」であることを熟知したうえで描かれているように思える。それは泉が指摘するような画面の「白さ」による「情報的価値観」の差異の提示に限らない。主人公エウメネスの遍歴は、肉親と信じていたひとびとと自らが血縁のない「異質なもの」であることを突きつけられた時から始める。マージナルな存在として、新一とミギーの血統を色濃く感じさせるエウメネスは、おそらく作中で最も現代人に近しい思考のあり方を持つキャラクターだ。作中では、そのようなエウメネスを通して、彼がその遍歴のなかで出会い、ともに暮らすひとびとが抱える、現代のわれわれとの文化や価値観の違いも露わにされてゆく。たとえばそれは、彼が乗馬の際に「鐙《あぶみ》」をこしらえてみせるものの、それがマケドニアの軍人たちにはまったく受け入れられないというエピソードなどに顕著だ。もちろん、一見するとわれわれの近くに立っているように思えるエウメネスも、その体に通うスキタイの血が脈動する時、その顔は「異質なもの」へと変貌する。

私たちとは異質なマンガ的人間たちが自然に暮らすことのできる「文化が違う」世界、そのような場所として岩明の古代は切り拓かれたのだろう。そして、そこにはまだまだ広大な余白が残されている。

註

（1）Lefevre, Pascal "MISE EN SCÈNE AND FRAMING: Visual Storytelling in Lone Wolf and Cub", in *Critical Approach to Comics* edited by Matthew J. Smith and Randy Duncan, 2012, New York: Routledge, pp.71-83

（2）ブノワ・ペータース「顔と線　テプフェール的ジグザグ」（古永真一訳）、ティエリ・グルンステン、ブノワ・ペータース『テプフェール　マンガの発明』、法政大学出版局、二〇一四、一三一〜七四頁。

（3）もっとも、ペータースは「エルジェは、色調や配色のグラデーションや明暗のニュアンスが物語の妨げになると考えていたようである」と指摘している（前掲書）。実際に「タンタンの冒険」シリーズではグラデーションのおさえられたフラットな彩色が用いられているし、カラー作画を受け入れるようになっても、エルジェが線画によって、輪郭線によって事物のかたちをとらえる志向を保っていたことは確かである。

（4）夏目房之介『マンガはなぜ面白いのか　その表現と文法』、日本放送出版協会、一九九七。

（5）岩明の描くキャラクターの表情、あるいは無表情の豊かさは、キャラ図像間における描き込みの精細度の落差に支えられている。新一の「混ざっている」ものとしての迫力を示す、まつ毛や瞳の虹彩が細かに描き込まれた目のアップ。それになにより、「死体」となった瞬間にディテール豊かに描かれる人体がその好例である。

（6）本章では詳しく触れることができなかったが、岩明のキャラクターたちが史劇の世界に旅立つ前段階にある『七夕の国』が、この世界に取り残された異質な存在が「窓の外」への脱出を図る物語であることも、やはり見過ごすことはできないだろう。中田健太郎による諸星大二郎論「共同体の開かれ　無為なるものへの想像力について」（『ユリイカ』二〇〇九年三月号、青土社、一六五〜一七五頁）では、夏目が岩明との描線の近しさを見出していたこの特異なマンガ家が繰り返し描いてきた主題である「共同体への外部への憧れ」について取り上げている。岩明が『七夕の国』において描いているのも、この憧れに関わることであるように思える。中田は、諸星がこうした憧れを「楽天的な夢想」としてあつかわず「共同体から離れていこうとする個人の想像力の可能性を、それが抱える困難とともに描いているようだ」と述べている。「窓の外を見る」力によってもたらされた「共同体への外部の憧れ」そのものが、丸神の里という共同体を生み出し、そこにひとびとを縛りつける様を描き出す『七夕の国』が、諸星から遠ざかりつつある描線によって物語られたことの意味についても、いつかまた考える必要がある。

（7）泉信行「絵の意識から読者の意識へ「白を見る」のか?・「白く見える」のか?」」、『ビランジ』二三号、四〜二一頁。

（8）もちろん、原理的に考えれば、複数のコマに反復的に登場するキャラ図像を用いて描かれる時点で、それ以前に、紙の上に描かれたものである時点で、『寄生獣』に登場する人間たちは、もとより現実の人間とは異質な存在でしかない。したがって、描線の水準でパラサイトたちと交合する前の人間たちが「私たち」であるように見えてくるのは、事後的にもたらされる転倒した視点ではあるのだろう。

II 「リアル」に乗り出すキャラクターたち

7 誰が「変身」しているのか？

「特異点」としての『仮面ライダー電王』

二〇〇七年から二〇〇八年にかけて放送された平成仮面ライダーの第八作『仮面ライダー電王』（以下、『電王』）で描かれるのは「時間」をめぐる争いだ。『電王』の敵である「イマジン」の目的は時間改変である。現代に現れたイマジンは憑依した人間の記憶を足がかりに過去へと飛んで破壊行為におよび時間の流れを書き換えようとする。主人公・野上良太郎は電王へと変身し、彼に憑依し力を貸すイマジン・モモタロスらと共に、時間改変を阻止しようと戦いに身を投じることとなる。主人公・良太郎が電王へと変身する資格を持つのは、彼が時間の「特異点」であるためだ。「特異点」はどんな時間の干渉も受けない存在であり、時間の改変が起きても影響されず、改変前の時間に関する記憶を失うこともない。もし自分の属する時間が消滅してしまっても「特異点」の存在は消えることがない。「記憶こそが時間である」というアイデアのみならず、「特異点」というコンセプトも、時間SFとしての『電王』の独自性を際立たせている要素のひとつだろう。そして、平成ライダーシリーズを見渡してみると、興味深いことに『電王』という作品自体が「特異点」めいた存在感を持っている。

平成ライダーシリーズの一〇作目として、二〇〇九年に放送された『仮面ライダーディケイド』(以下『ディケイド』)は、シリーズ一〇年目の集大成であり、歴代のライダーが総登場し、主人公・門矢士《かどやつかさ》は並行世界として存在するそれぞれのライダーの世界を旅し、その世界の主役ライダーに変身する能力を身につけてゆく。しかし、『ディケイド』に登場する各ライダーの世界と、オリジナルのテレビ放送で描き出された世界とは、基本的な設定は共通するものの、登場するキャラクターなど様々な点で異なっていた。『ディケイド』におけるそれぞれのライダーの世界は、「ディケイドの世界」に対する並行世界であると同時に、オリジナルのテレビ放送で提示されたライダー世界に対する並行世界でもあるのだ。しかし、門矢士が経巡るライダー世界の中でも「電王の世界」に限ってはテレビ放送時と地続きの世界観とキャラクターが維持されている。他のライダー世界が改変され、似て非なる別のものとなっても、「電王の世界」だけはそうした干渉の影響を受けず、テレビ放送時の「時間」との連続性を失ってもいないのだ。モモタロスたちは平成年間最後の仮面ライダー『仮面ライダージオウ』でも変わらぬ姿を見せている。また、『電王』はテレビ放送終了後も幾度にもわたって映画化されており、二〇二〇年春には、最新作『仮面ライダー電王　プリティ電王とうじょう!』が公開されている。このように仮面ライダーシリーズというよりも『電王』シリーズとして独立した人気を得、そこに登場するキャラクターたちが〝消えなかった〟ことも、「特異点」としての『電王』を際立たせているものと言える。

『電王』がこのような「特異点」的なコンテンツとして成立した理由として、真っ先に挙げられるのはそのキャラクターの魅力だろう。主人公・野上良太郎に憑依するモモタロスをはじめ、時の列車デンライナーに集うイマジンたちの強烈な存在感こそが『電王』を支えていることは明らかである。シリーズの他の作品においてはタイトルロールであるライダーこそが何よりも不可欠なものである。しかし、『電王』の場合、むしろモモタロス等のイマジンこそが不可欠なものであり、彼らの存在が『電王』を『電王』足らしめている。これは半ば私自身の彼らへの愛着が反映された見解であるかもしれないが、極端な話、仮に電王への変身が一度もなかったとしても、あのイマジンたちさえ登場すれば『電王』シリーズのエピソードは問題なく成立してしまうだろう。[1] そしてその逆は想像しがたい。

では、『電王』に登場するイマジンたちは、なぜこれほど見事なまでに生き生きとし、「キャラクターが立って」いるのだろうか。この点については単に個別のキャラクターとしての描写を見るだけでなく、他のキャラクターとの関係性や、物語の構造自体まで視野に入れて考察する必要がある。結論を先取りして言ってしまえば、（少なくともテレビシリーズの）『電王』はそれ自体「キャラクターを立てる」ことをめぐる物語として理解することが可能なのだ。

変身が築く関係性

宇野常寛は平成ライダーシリーズについて論じる中で、『電王』が「ナルシシズムの記述に関する問題系」である「変身」というモチーフの再定義を試みたものだと位置付けている。[2] 宇野によれば『電王』において変身は「コミュニケーションによる関係性構築」のメタファーとして機能しているとされる。[3]ライダーの変身のバリエーションの豊富さは商業的な要請と不可分な関係を持ちながら、平成ライダーシリーズの中で様々な形で追求されてきた。『電王』では、元来は倒すべき敵であるイマジンが主人公・良太郎に憑依することでこの変身の多様性が実現されている。憑依されていない良太郎がただ単に変身しただけでは「プラットフォーム」という姿にしかなれないが、モモタロス、ウラタロスなどのイマジンが憑依することによって「ソードフォーム」「ロッドフォーム」といったバリエーションを獲得することになる。もちろん、それぞれのフォームに変身している際の主導権はイマジンにあり、各フォームへの変身は、それぞれのイマジンとの人格交換を伴う。主人公・良太郎の身体、そして彼が変身するプラットフォームは、良太郎とイマジンの、そしてイマジン同士の交渉の場であり、憑依し変身すること、そして入れ替わることを通して彼らの間の関係性が築かれていることは間違いない。[4]

「憑依による変身」という『電王』の根幹となるコンセプトは、もともとは「多重人格」として構想されたものであったが、テレビコード上この設定を用いることが難しかったために考案されたものだという。[5]しかし、結果的に採用された「憑依による変身」というコンセプトは、単なる多重人格のメタファー以上の役割をこの物語の中で果たしている。このコンセプトこそが「キャラクターを立てる」ことをめぐる物語として『電王』を成立させる鍵なのだ。

『電王』において「キャラクター」の問題は、どのように扱われているのか。この点について踏み込んだ分析を加える前に、『電王』のテレビ放送と重なる時期に発表され、やはり多重人格のメタファーとしての変身を通して「キャラクター」の問題を描いたひとつの作品を取り上げ、以降の議論の足がかりとしたい。PEACH-PIT『しゅごキャラ!』がそれである。講談社『なかよし』で二〇〇六〜一〇年にかけて連載された本作は、二〇〇七年からテレビ東京でアニメも放送されているが、ここでは紙幅の都合もあるため、マンガ版に絞って議論を進めたい。

『しゅごキャラ!』の主人公・日奈森あむは、表面上は冷たく大人びた「外キャラ」で振る舞っているが、実際には口下手で自分を素直に出すことが出来ず、周囲からの見方と素の自分との間のギャップに悩む少女である。そんなあむの前に彼女自身の「こころのたまご」から生まれ、「なりたい自分」が具現化した存在である「しゅごキャラ」が現れる。しゅごキャラの力を借りる「キャラチェンジ」やしゅごキャラとの同一化による「キャラなり」という変身を通して、あむは様々な能力を自身から引き出すことができるようになる。

あむは複数のしゅごキャラを持っているが、彼らはそれぞれに異なる性格をしており「キャラチェンジ」の場合には、その影響を受けてあむ自身の性格が変わってしまう。[6] 自分自身の異なる側面が擬人化されたしゅごキャラ、「キャラチェンジ」による性格の変化、といった要素は明らかに多重人格的であるが、同時にこれは学校などの社会的空間でのコミュニケーションにおける役割演技としての「キャラクター」に関するメタファーでもある。コミュニティ内で与えられた役割としての「キャラクター」とは異なる、「なりたい自分」や「本当の自分」としての自己イメージがしゅごキャラとして描かれているのである。「キャラチェンジ」や「キャラなり」を通して、自己イメージを更新し、他者との新たな関係性を築いていくという、児童向け雑誌の連載作に相応しい健全な成長物語が本作の基本的なテーマとなっている。(7)

しかし、『しゅごキャラ!』において扱われているのは、社会的空間における役割演技としての「キャラクター」だけではない。役割演技としての「キャラクター」に関わる問題は、この作品において、「なりたい自分」の実体化である「しゅごキャラ」としての擬人化というきわめて表層的な形で処理されている。あゆの成長や内面的な葛藤は、いくつもの異なるキャラに姿を変えることを通して、つまり複数の姿をひとつの人格に結びつけることを通して描かれているのだ。主人公の成長やアイデンティティをめぐる問いをこのような水準で扱う『しゅごキャラ!』の物語は、キャラ図像間の差異や落差を通じてキャラクターを構成していくという、本書でこれまで示してきたマンガにおけるキャラクター表現のメソッドを物語の構造自体に取り入れたものとなっている。(8)それぞれのしゅごキャラの性格付けはきわめてわかりやすく極端なものだが、いわば自らの分身である彼らとの対話や変身による一体化を通して、主人公あむのアイデンティティは常に「異なる自分」によって対象化される。そのことが彼女の「キャラクター」としての内面性を掘り下げる契機となっているのだ。(9)

「キャラ」としてのイマジン

『しゅごキャラ！』を踏まえて見返してみれば、『電王』における「イマジン」、とりわけ良太郎に憑依するイマジンたちが、表層的な水準で差異化された存在としての「キャラ（図像）」のメタファーとして読み取れるものであることは明らかだろう。イマジンたちは、造形においてはっきりとした色分けも含め明確に特徴付けられているだけでなく、決めゼリフや身振り、そして何よりも声優の「声」によって明解に差異化されている。「極端にキャラをつける」という方針は、イマジンの憑依によるこの人格交替の演じ分けが俳優に要求されたためであり、企画上でも強く意識されていたことにメインシナリオの小林靖子は言及している。[10] 更にいえば、イマジンたちは表層的な差異化の徹底によってその「キャラ」性が前景化されているのみならず、設定自体においても「キャラ」のメタファーの性格を備えている。

イマジンはその名が示す通り、契約者の抱く心的イメージによって姿を得る存在であり、基本的に実体を欠いている。彼らの目的は時間改変によって自分たちが存在する未来へと時間を繋げることであり、単に実体を欠いているだけでなく、物語内での現在時である二〇〇七年時点には本来存在していないし、いかなる過去も背負っていない。別の時間から切り離され、『電王』の物語の現在時へと編入される彼らは、そもそもイメージ以外なにも持たない、きわめて「キャラ」的な存在なのである。

したがってイマジンたちの目的は自身を、物語の中の具体的なコンテクストと結び付けその存在を生き生きとしたものとすること、即ち「キャラクターを立てる」ことだと言い換えることができるであろう。この点は、「多重人格」のモチーフ、表層的な「キャラ」として擬人化された存在、彼らを介した変身、といった共通性を持つ『しゅごキャラ!』と『電王』が大きく異なる点である。『しゅごキャラ!』でイマジンに対応するのはしゅごキャラである。しかし、しゅごキャラが自らの持ち主である人間の「キャラクター」を立てることを役割とするのに対し、イマジン達が目指すのは自らのアイデンティティの確立である。言い換えれば、『しゅごキャラ』の主人公・あむは「キャラなり＝変身」を通して自分自身を変えてゆくのに対し、良太郎の場合、自身が変わるというよりもイマジンたちに体を譲り渡すに過ぎない。実のところ『電王』においては「キャラ」から生身の人間へと変身するのは、イマジンであるモモタロスたちの方なのだ。

イマジンたちがきわめて不安定な、容易に消滅しかねない存在であるのに対し、特異点である良太郎が時間に干渉されない「強い」存在として設定されている点もこの意味で示唆的と言えるだろう。[11]過去を持たず、生身の肉体を持たない、イメージから生まれた存在であるイマジンたちが、物語の中で生を獲得するプロセスこそが『電王』で描かれていることであり、それはまさに「キャラクターを立てる」ことに他ならない。

記憶を生きるキャラクター

『電王』が「キャラクターを立てる」ことをめぐる物語である以上、『ディケイド』において「電王の世界」が他のライダー世界と異なり、テレビ放送時からの設定を維持していたことも当然と言えるだろう。『ディケイド』において、門矢士は並行世界を遍歴し、ライダーカードを集めることで、様々なライダーへの変身を可能にしてゆく。これは仮面ライダーを、それぞれ特定の物語が備えるコンテクストからキャラクターを表現するための単位としての「キャラ」として切り出してゆく行為に他ならない。しかし、『電王』ではライダーへの変身はそもそもモモタロス、ウラタロス、キンタロス、リュウタロス（そしてジーク）といったイマジンたちを特定の物語に固定するための錨として機能している。電王を「キャラ」として切り離すことは、その最も重要な役割を捨てることなのである。「キャラ」としての表層性の徹底、可能世界的なコンセプトの導入による変身のバリエーションの豊富さの追求、という共通点を持ちながらも、『電王』は『ディケイド』とはおよそ異なる方向性を持っているのだ。

「時間＝記憶」という『電王』独自の解釈も、イマジンたちの「キャラクターを立てる」という営みと密接に繋がっている。誰かひとりでも記憶していれば、破壊された時間は回復可能であり、逆に誰ひとりからも記憶されていない人間は、過去に干渉を受ければ容易にその存在を失ってしまう。こうした解釈は小林自身が述べているように[12]時間ものとしてはかなりアクロバティックと言えるだろう。しかし、こうした時間をめぐる解釈を「物語」に関する解釈へと読み換えてみればどうだろうか。物語の中で具体的に内面が書き込まれているかどうか、「キャラクターが立つ」ことができているか否かこそが人物の存在を支えており、そのようにして紡がれていく物語こそが「時間＝歴史」だと考えてみれば、『電王』における時間解釈はきわめて明解なものなのではないだろうか。

東浩紀は宇野常寛との対談の中で「ハナの生まれた歴史、侑斗＝ゼロノスと愛理が結ばれた歴史はすでに失われている」という状況から始まった電王の物語が、結局のところ、侑斗と愛理が結ばれハナが生まれるという未来を回復できていないにも関わらず、「ぼくたちの時間は守れた」としてハッピーエンドで幕を閉じているという一種のねじれについて指摘している。[13] しかし、『電王』における「記憶としての時間」が、物語られたテクスト自体を指すならば、こうした事態がなぜハッピーエンドたりえるかも理解しやすくなるだろう。モモタロスは第四四話で自分が「ちょっとでも守りたい」ものがあるとしたら「それは今ってやつだ」と口にする。ここでモモタロスがいう「今」とは、『電王』の中で一年の間をかけて物語られてきた世界、その中で生きてきた「キャラクター」たちに他ならない。『電王』において守られ、回復されるべきなのは本篇中で描かれることも、我々の記憶に書き込まれることもなかった「未来のハナ」でも「愛理と結ばれる侑斗」でもなく、デンライナーでイマジンたちとともに旅してきた「この時間＝物語のハナ」であり、デネブとじゃれあうどこか幼さをのこした「この時間＝物語の侑斗」なのだ。そのように考えれば、良太郎とイマジンたちは自身の存在も含め見事にすべてを守りきったと言えるだろう。

もう一点、結末に関わる設定上のねじれといえるかもしれない事柄として、モモタロスたちが消えなかったことがあげられる。結局「記憶＝時間」という解釈のもと、モモタロスたちが良太郎やハナの記憶に刻まれていたことがその存在の支えとなって、彼らの消滅が免れたのだと説明されるわけだが、ハナと良太郎のふたりがともに「特異点」であることを考えれば、これは実は奇妙なことと言える。第三八話で一度、侑斗が消滅した際、時間改変の干渉を受けても、ハナと良太郎は他のキャラクターとは異なり侑斗に関する記憶を失うことはなかった。しかし、特異点であるが故に、彼らが記憶していることは侑斗の存在を「この時間」につなぎ止めることはなかったのである。であるならば、モモタロスたちもまた良太郎やハナが憶えていようがいまいが消滅しなければならないはずだ。にもかかわらず、モモタロスたちが消滅しなかったことは物語の要求として必然的なことである。

ラストシーン、自転車を漕ぐ良太郎の脇をデンライナーが走り抜けてゆく。並走しながら、車内から良太郎に向けて皆が別れの言葉を告げてゆくのだが、この場面でモモタロスたちが語りかけているのは良太郎であると同時に、視聴者である私たちなのは明らかだ。そう。彼らが消えなかったのは、彼らのことを憶えていたのが良太郎たちだけではなかったからである。視聴者である私たちが彼らと共に過ごした時間、その記憶が彼らを『電王』という物語＝時間に繋ぎ止めている。私たちの記憶に書き込まれたイマジンたちの姿が生き生きとしたものである限り、彼らはデンライナーに乗って旅を続けることができるはずなのだ。

註

（1）実際、イマジンたちを主人公としたアニメや、モモタロスを主人公とした番外篇作品も作られており、『電王』のシリーズ展開においては、イマジンキャラクターがその駆動力になっていることに疑問の余地はないだろう。

（2）『電王』が「変身の再定義」の試みであることは『DEN-O PERSPECTIVE［仮面ライダー電王公式読本］』（ミリオン出版、二〇〇八）における同作のプロデューサー白倉伸一郎とメインライター小林靖子との対談でも言及されている（一九頁）。

（3）『リトル・ピープルの時代』、幻冬舎、二〇一一、三一〇頁。

（4）謝罪をすることでモモタロスが良太郎から憑依と変身を容認され、無事に戦闘が終わったあとに、モモタロスが良太郎に付けられた名前を受け入れるという第四話のエピソードは、「関係性構築の比喩」としての『電王』における変身の力学の基本を示している。

（5）前出の白倉・小林の対談でもそのことは触れられている。

（6）同作には他にもしゅごキャラを持った登場人物が何人もいるが、「キャラチェンジ」によっても特別性格が変化しない場合も見られる。

（7）それゆえに、閉鎖的なコミュニティの中で振り分けられた役割である「キャラ」を更新することの現実的な難しさについては、かなり低く見積もられており、「外キャラ」を脱ぎ捨てて新たな自己イメージを獲得することは、基本的に肯定的なこととして周囲から受け入れられる。むろん、こうした方向性は読者層を踏まえた上での積極的な判断と考えられるし、この点から役割演技としての「キャラ」についての踏み込みが甘いといった評価をくだすべきではないだろう。

（8）本章ではこれ以上踏み込まないが、キャラクター生成のメタファーとしての『しゅごキャラ！』については、拙著『少女マンガの表現機構』の第四章で、より詳しい分析を行っている。
（9）PEACH-PITは代表作である『ローゼン・メイデン』でも、人形少女というモチーフを通じて「キャラ」の表層性を主題化している。
（10）前出、白倉・小林対談にての発言。
（11）補足的に述べておけば、良太郎の側から見た場合、イマジンからの憑依は、佐藤健という俳優の生身の身体の表層性を際立てるものとして大きな意味を持っていると言えるだろう。憑依された際の良太郎の「声」はそれぞれのイマジンの声優によって吹き替えられる。佐藤の演技はあくまでも表情や身振りといった水準で発揮され、しかもそれはイマジンたちの表層的な特徴付けを反復するという形でなされるのである。そこで行われているのは、いわば自らの身体を「キャラ」化していく営みだとも言える。生身の身体を「キャラ」化させる演出や演技については、いわゆる「イケメン」俳優やアイドルの「2・5次元」的な身体性に関わるが、この問題について論じるには、稿を改める必要があるだろう。
（12）前出、白倉・小林対談にての発言。
（13）東浩紀・宇野常寛「『平成ライダー』から考える」『Final Critical Ride』、波状言論＋第二次惑星開発委員会、二二頁。

8　2次元と2・5次元の『テニスの王子様』

キャラクターの成長、キャラクターへの成長

「+0・5」について

足されるものについて考えるのか。それとも引かれるものについて考えるのか。「2・5次元」について論じるとなれば、どちらから出発するかを、選んだ方がいいのかもしれない。2次元のキャラクターを演じることで現実の人間の身体からなにが「−0・5」されるのか。現実の身体が演じることで2次元のキャラクターになにが「+0・5」されるのか。もちろん、「2・5次元」などという中途半端な次元が本当にあるわけではなく、（勃興しつつある）ジャンルに対する便利なラベルのようなものに過ぎないのだから、「0・5」が引き算されるのか足し算されるのか、などと考えるのは、どこか地に足のつかない話のようでもある。しかし、こうした問いをかかげておくのは、「2・5次元」というジャンル、あるいは概念にアプローチする上での筆者の立場をはっきりさせておきたいからだ。「−0・5」について考えるならば、役者や舞台芸術の側から、「+0・5」について考えるならば、マン

ガやアニメ、そしてそのキャラクターの側から、それぞれ「2・5次元」へとアプローチすることになる。本章では後者、「＋0・5」の立場を選択し、2・5次元の舞台と、そこに立ち現れるキャラクターについて論じてみたい。具体的に取りあげる対象は、ミュージカル『テニスの王子様』(以下『テニミュ』)と許斐剛による原作マンガ『テニスの王子様』(以下『テニプリ』)である。

アプローチおよび対象の選択は、ひとつにはマンガ研究者である筆者の専門性によるが、それ以上に個人的な観賞経験によっていることは、素直に記しておきたい。それまでもDVDなどで観てはいたが、筆者の生『テニミュ』の初体験は二〇一二年夏の関東立海戦である。以来、2ndシーズンについては、昨年の全国立海戦まで、それぞれの公演ごとに数回は足を運んだ。その意味ではそれなりに熱心なファン、と言えるだろう。しかし、一方でキャストへの関心もある程度は持っているものの、一般的な客層の熱意にはとても比べられるものでないように思うし、自分の関心の中心が「マンガのミュージカル化」にあることは自覚している。こうした筆者の観賞のモードが主流と言えるかどうかは疑わしい。その意味で、本章の視座に(観賞体験に基づく具体的な記述については2ndシーズン後半が主となることも含めて)ある種の限定があることは認めておいた方がよいだろう。

『テニプリ』のキャラクターが、現実の身体によって舞台上で演じられることで、なにが「加算」されるのか。手がかりとして、マンガにおけるキャラクターをめぐる議論を舞台劇へと接合した先行論を参照することとしたい。東園子は「「宝塚」というメディアの構造　タカラジェンヌの四層構造と物語消費」（二〇〇九）のなかで、伊藤剛が『テヅカ・イズ・デッド』（二〇〇五）で提示した「キャラ／キャラクター」という概念対を、宝塚歌劇について考察するうえで援用している。東は「キャラ」が元のテクストから切り離されても同定可能な「横断性」を持つものとされていることに着目し、「キャラ／キャラクター」関係を「役者／役」関係に対応するものと捉えている。[1] ここで「役者」が「キャラ」と対応するものと捉えられるのは、後述するように、個別の作品を越えて維持される、タカラジェンヌが構築する男役／女役のイメージが重視されたためだ。しかし、役者のテクスト横断的な同一性がその身体によって維持されていること、つまりある舞台でx役を演じる役者Aと別の舞台でy役を演じる役者Aが「同じ役者」であることは、実際に同じ人物だという事実に支えられているのに対し、たとえば、あるマンガに登場するキャラAと、その二次創作の作品に登場するキャラAは、そのような意味で「同じ人物」とは言えない。また、マンガの場合、個々のテクスト内を見てみても、あるコマに描かれる図像A1と、他のコマに描かれる図像A2は、それが同じキャラクターを指すものとして用いられていたとしても、やはり別々の図像である。

東の議論は伊藤の「キャラ／キャラクター」概念を踏まえてのものだが、これを本書における「キャラ図像」「キャラ人格」「キャラクター」の区別と対応させることも可能だろう。その場合、「キャラ／キャラクター」と「役／役者」の対応関係を、〈キャラ図像≒役者〉、〈キャラ人格≒役〉、そして役者がある役を演じることで特定の舞台・特定の作品のなかで立ち上がる人物像をキャラクターとして、整理しなおせるだろう。たとえば、同じ戯曲脚本が大きく異なる演出プランとキャスティングで上演される場合、一方で役者Aが演じた役xと他方で役者Bが演じた役xは、同一の役ではあっても結果的に立ち上がってくる人物像、つまりキャラクターも異なるものとなるはずだ。また、ひとつの舞台において、同一の役がダブルキャストで演じられる場合を想定してみてもよい。この場合、複数のキャラ図像がひとつのキャラ人格に結びつけられるのと同様に、複数の役者がひとつの役に結びつけられることとなる。役者（≒キャラ図像）は、役（≒キャラ人格）と結びつきキャラクターを表現するためのエージェントなのだ。

概念上の整理を行った上で、以下、『テニミュ』について概要を確認しておく。『テニミュ』がスタートしたのは二〇〇三年。二〇一〇年までシリーズを重ねるなかで、主人公・越前リョーマの所属する青春学園テニス部が県予選、関東地区大会を勝ち抜き全国大会にコマを進め、最終的に全国優勝するという一連のストーリーがほぼ原作に忠実な形で描かれた。その後、二〇一一年から2ndシーズンとして、演出も新たに、あらためて地区予選から全国大会までのストーリーが再演されることとなった。この2ndシーズンも二〇一四年には全国大会決勝までを描いて完結し、二〇一五年春から二〇一九年にかけて

3rdシーズンとして、再び青春学園の全国大会までの道程が上演された。十数年にわたって上演されている『テニミュ』シリーズのキャラクター表現に着目する上で肝心な点は、キャラ図像に替えて役者の身体がそのエージェントになっていることだろう。マンガ表現においては、キャラ図像間の差異が、キャラクターの多面性や心理的な奥行きを演出する際にしばしば重要な役割を果たす。本書でこれまで論じてきたように、異なるタイプのいくつものキャラ図像をひとつのキャラ人格にひも付けすることは、キャラクターを「いくつもの顔」を持つものとして描きだすことになるからだ。しかし、役者の具体的な身体によって、見出だすまでもない事実として同一性が維持されてしまう以上、2・5次元の舞台上においては、マンガ表現におけるキャラクター生起のメカニズムは基本的には機能しないことになる。

原作マンガ『テニプリ』では、造形や口癖、行動パターンなどの特徴付けによって、各キャラクターの個性は極端なまでに分かりやすく提示されている。伊藤剛の言葉を用いるならば、『テニプリ』は「キャラが強い」マンガと言えるだろう。(2) したがって、髪型や衣装、口癖といった目印をおさえれば、演じられているのが「誰」かは一目瞭然であり、「見た目」の表層的な再現自体は比較的に容易である。しかし、繰り返すが、マンガ表現におけるキャラクターは、いくつものキャラ図像間のズレ、差異によって支えられている。このことを念頭におけば、たったひとつの身体によってしか演じられない2・5次元のキャラクターは、原作キャラクターを、表層的に、分かりやすく類型的なイメージを強化する形で再現してしまうのではないか、という疑念が浮かぶ。逆説的に響くかもしれないが、生身によって演じられることでキャラクターが平面的になってしまうこともあり得るのだ。

しかし、幾多のキャラ図像の間に生じるズレが、キャラクターの多面性を立ち上げる契機だとして、これを肩代わりするものとなる、舞台上に見出される別の種類のズレについて考えることはできるだろう。それは、「役」と「役者自身」の間のズレである。伊藤による「キャラ／キャラクター」概念を宝塚歌劇の分析に応用した前掲の東論文では、「宝塚」の舞台上のタカラジェンヌは、上演される作品の登場人物と、作品から自律して作品を横断する、芸名で名乗る男役／女役の二重性を持っている」とし、前者を「役名の存在」、後者を「芸名の存在」と呼ぶ。東は「芸名の存在」として男役のイメージを持つタカラジェンヌが「役名の存在」として女役を演じる場合を例に挙げつつ、舞台上の「役名の存在」を見る際にも「芸名の存在」が二重写しなっている観賞のあり方について指摘している。「芸名の存在＝女役」の役者が演じるのと「芸名の存在＝男役」の役者が演じるのでは、同じ「役」であっても、その印象は異なるものとなるだろう。二重写しの視点は、当然、舞台上に立ち上がるキャラクターの有り様にも影響を与えているはずだ。

『テニミュ』をはじめ2・5次元ミュージカルの観賞においても、観客は二重写しの視点で舞台上を見つめている。これらの舞台ではDVDなどでソフト化される際に特典でバックステージ映像が収録されることも多く、そこでは「役名の存在」から離れた役者のイメージが豊富に提供されている。また、『テニミュ』の場合、Dream Live のようなコンサートイベントや運動会といった企画では、「役名の存在」と「芸名の存在」の秩序関係はあいまいなものとなっている。もちろん、通常の公演においても観客は二重写しの視点で、「芸名の存在」としての役者にも熱い視線を注いでいる。たとえば、『テニミュ』の楽しみ方のひとつに「ベンチワーク」がある。原作同様、『テニミュ』でもストーリーの大半はテニスの試合であり、場面の中心をしめているのは対戦中の選手だが、それぞれのチームのベンチへと目をやると、各校のキャラクターが試合を見守りながら細かな芝居をしている。こうしたベンチワークと呼ばれる演技は、かなりの範囲で役者たちの裁量にまかされているので、一方では役への理解度や解釈、もう一方では役者同士の親密さなどを示すものとして観客によって楽しまれる。

ベンチワークなどを通して、一方では観客は役者がその役を体現できているかを鑑賞し、他方ではそこから逸脱する部分に役者自身を垣間見る。こうした役と役者の距離をはかるような鑑賞は、原作における「キャラの強さ」によって支えられている。あらかじめはっきりしたイメージがあるからこそ、そのイメージを体現できているかどうかが、役者の演技を評価する上で大事なものになるのだ。しかし、先に述べたようにあらかじめ共有されたイメージを単に反復することは、舞台上のキャラクターとしては平面的なものとなってしまう危険と隣り合わせである。だからこそ、「芸名の存在」との二重写しの視点は欠かせないものなのだ。

『テニミュ』を継続的に鑑賞することは、公演ごとに役者が成長し、役へと重なり合ってゆこうとする様を見守ることでもある。そして役になろうとする役者の姿は、結果的に舞台上に原作とは異なるキャラクターのイメージを立ち上げてゆく。役者の成長や苦労が重ね合わされることで、キャラクターの成長も観客に強く印象づけられることになるのだ。2・5次元の舞台においては、確立された原作キャラクターの強固なイメージを体現することよりも、それを体現しようとすること、役者が役になろうとすることそが、そのメカニズムにおいて重要であり、それを見つめる視線のもとに「+0・5」の厚みをもったキャラクターが立ち上がるのだ。

とくに『テニミュ』2ndシーズンでは、主人公・越前リョーマ役は、全公演で小越勇輝によって演じられたため、彼が役者として成長していくプロセスは、リョーマが試合を重ねるなかで「青学の柱」として成長してゆく様と、強く響き合うものとなっている。1stではキャストの入れ替わりも多かったが、2ndでは全体を通して青学キャストの代替わりは一度しか行われていない。関東大会までつとめあげた六代目が卒業し、全国大会からは七代目青学キャストによって演じられることとなった時も、リョーマ役だけは小越勇輝が続投している。この代替わりの結果、小越は、『テニミュ』の舞台経験に関しては青学メンバーのなかでは一番の先輩となった。このことは、もちろんメンバー内での小越の立ち位置を変えるものであり、同時に物語内におけるリョーマというキャラクターが「青学の柱」として成長し、チームを引っ張る存在感を発揮することとも呼応するものだ。このように2ndシーズンの『テニミュ』は、役者と役の重なり合いを通して、リョーマというキャラクターの成長物語の側面が強調されることになっている。

では、この「成長」というモチーフに原作である『テニプリ』は、どのように取り組んでいるのだろうか。2次元と2・5次元の緊張感のある関係を示すために、次節ではその点について確認しておきたい。

成長との抗争——スポーツマンガ史における『テニスの王子様』

役者自身の成長や役者間の関係性の変化が重ね合わされることで、『テニミュ』では主人公である越前リョーマが試合を重ねるなかで成長する姿が前景化される。しかし、ストーリー自体は踏襲されているものの原作マンガ『テニプリ』において「成長」というモチーフが与える印象は大きく異なるものだ。そもそも、『週刊少年ジャンプ』で一九九九～二〇〇八年にかけて連載された『テニプリ』が、その全四二巻にわたる物語内で描いたのは、主人公の青春学園入学から、その年度での全国大会優勝というごく短い期間の出来事にすぎない(3)。もちろん短い期間ではあっても、幾多の試合のなかで主人公リョーマは急速に成長するのだが、それは常に新しい技や能力の体得によるテニスプレーヤーとしての卓越によって表現される。また、このテニスプレーヤーとしての卓越性という点から観ても、リョーマは初登場時より天才少年テニスプレーヤーとして描かれており、青学キャプテンで作中「プロに最も近い男」と評される手塚と非公式の試合で敗れるものの、その試合は直接的に描写されず、公式試合の戦績は全国大会まで含めて全勝である。手塚をはじめ、その他の全国選抜クラスのキャラクターも負け試合が描かれていることを考えると、リョーマの立場は物語中で最強クラスの選手として当初から一貫している。

物語中で最後の試合となる全国大会決勝、立海大附属のキャプテン幸村精市との対決では、リョーマは五感を奪われるという苦境に追い込まれるが、テニスを楽しむという純粋な気持ちを思い出すことで、「天衣無縫の極み」に到達し、勝利を収める。この勝利によってリョーマは名実ともに（中学テニスの範囲ではあるが）最強の座を手にするのだ。しばしば指摘されるように物語後半、とくに全国大会に突入してからは「能力バトルもの」の様相を呈した『テニプリ』における最強のステータスである「天衣無縫」について、リョーマの父・越前南次郎は「テニスを始めた時／日が暮れるのも忘れ／夢中にやったろ／どんなにやられても楽しくてしょうが無かった」「あん時は誰しも天衣無縫なんだよ」と語る。「天衣無縫」は、純粋に「テニスを楽しむテニス」という境地として説明されているのだ。「テニスって楽しいじゃん」という原点に回帰することで最強のステータスへと至るリョーマの姿は、対戦相手の幸村が「負けることが許されない」常勝チームのキャプテンとして、勝利を至上の目的とし、ひたすらストイックにボールを追いかける姿とはっきりと対比されている。しかも、「天衣無縫の極み」での決着に至るプロセスで、「神の子」と呼ばれるほどの完璧なプレーヤーである幸村によって、数々のライバルとの対戦のなかでリョーマが身につけたさまざまな能力や必殺技は完全に打ち破られており、主人公のこれまでの成長の無意味さが突きつけられているのだ。幸村との対戦前には、記憶喪失となったリョーマがこれまでのライバルたちと再び試合をし、これまでの道のりを辿りなおすことで記憶を取りもどすというエピソードまで描いた上でのことである。

『テニミュ』では役者と役との二重写しの視点で、主人公・越前リョーマの成長する姿が感動的に提示されているのに対し、『テニプリ』では、物語のクライマックスにおいて「成長」の価値への問いが突きつけられている。このような『テニプリ』のスタンスを理解するには、この作品をスポーツマンガ、テニスマンガというジャンルの系譜のなかで捉えてみることが必要だ。

『テニプリ』は、その現実離れした秘技の応酬から、車田正美『リングにかけろ』（一九七七〜八一）、高橋陽一『キャプテン翼』（一九八一〜八八）といった『週刊少年ジャンプ』における荒唐無稽なスポーツマンガの系譜において捉えられる。この作品を「能力バトルマンガ」という側面から評価しようとする同人誌『テニスの王子様［全国大会編］爆笑・恐怖・激闘完全記録』（発行責任者かがみ、二〇〇八）でもこれらの作品の名が挙げられているし、夏目房之介は、後半の荒唐無稽について、さらにさかのぼって遠崎史朗作・中島徳博画『アストロ球団』（一九七二〜七六）を想起している。(4) もっとも『キャプテン翼』はともかく、『リングにかけろ』や『アストロ球団』のように世界観までもが現実離れしてスケールアップするわけではなく、『テニプリ』の場合、キャラクターが分身を披露するまでになってもあくまで中学の部活テニスの範疇にとどまっているので、その辺りで一応の線引きはできそうだ。

ともあれ、『テニプリ』に見える「成長」への問いを理解するために、ここではスポーツマンガ史における異なる文脈に目を向けてみたい。では、『テニプリ』という作品は、自らをどのような系譜に位置づけようとしているのか。まず、全国大会決勝の最終試合での、リョーマの対戦相手・幸村の姿を思い出してみよう。幸村は「ボールは分身したりはしない…常に一つだよ」「ボールは決して消えたりはしない」と口にし、これまで作中で披露されてきた魔球の数々を苦もなくシンプルに返球する。その重苦しいストイシズムだけでなく、魔球の否定においても、彼は『テニプリ』が目指す方向性へのアンチテーゼとして位置づけられている。魔球を否定し、禁欲主義的にテニスの道を追求する、そのような幸村の有り様は、おそらくあるテニスマンガの名作と対応させられているのだろう。それは、山本鈴美香

『エースをねらえ！』（以下『エース』）である。

『テニプリ』におけるテニスマンガの金字塔『エース』への目配せは、たとえばリョーマの通う青春学園テニス部の顧問が、『エース』の主人公・岡ひろみの憧れである天才テニスプレーヤー「お蝶夫人」と同じ「竜崎」という姓を持つことに示されている。「お蝶夫人」こと竜崎麗華も、青春学園テニス部顧問である竜崎スミレも、主人公にとっての指導者的な立ち位置にあるキャラクターだ。しかし、両作の対比を明瞭しておくためには、それぞれの主人公にとってより決定的な存在としての師匠役キャラクターについて触れる必要がある。

『エース』の主人公・岡ひろみにとって絶対無二の師となる宗方仁は、スポーツマンガ史上でも最も知られた名コーチのひとりだろう。平凡なテニス部員だった岡に才能を見いだした宗方は、徹底的なスパルタ指導で彼女を育て上げる。その厳しさの裏に深い愛情を隠した宗方と強い信頼関係を築く岡。しかし、自らの余命が限られたものであることを知っていた宗方は、そのことを隠したまま岡をアメリカ遠征へと送り出す。『週刊マーガレット』で一九七三〜一九七五年にかけて連載された『エース』第一部は、その死を知らぬまま、彼の希望を託された岡がアメリカへと旅立つ場面で終えられ、一九七八年に再開された第二部では、宗方の死を、岡をはじめとしたキャラクターたちがいかに乗り越えていくかが描かれている。重要なキャラクターの死、その巨大な喪失に物語が支配される構図は、梶原一騎（高森朝雄）とちばてつやによるボクシングマンガの傑作『あしたのジョー』の反復であり、この主題は以降もさまざまなスポーツマンガのなかで展開されていく。(5) また、先輩テニスプレーヤー藤堂へ岡が抱く、本人にとってもはっきり自覚されるにいたっていないほのかな恋心を察した宗方が「恋は知るのはまだはやい／ゆるさんぞ岡／だれだ／あいては!!」と独白する印象深いひとコマがあるように、『エース』では、恋愛がテニスの妨げとなるものとして提示されるが、スポーツとプライヴェートの領域との両立をめぐる葛藤も、『あしたのジョー』『巨人の星』などのスポ根マンガから引き継がれている主題だろう(6)。

一方、『テニプリ』において、主人公リョーマの師匠として重要な存在となるキャラクターは、彼の父親である越前南次郎である。南次郎は「サムライ南次郎」と呼ばれ、世界的に活躍した伝説的なテニスプレーヤーだが、若くして突然引退し、寺院の住職として暮らしている。リョーマは日頃からこの父親を相手にテニスをしており、この伝説的プレーヤーとの試合経験が、彼の卓越性を支える大きな理由のひとつとなっている。リョーマの父であり師である南次郎は、ちゃらんぽらんでスケベな人物として描かれており、極度にストイックな宗方とは対照的だが、それ以上に興味深いのは、このキャラクターが『エース』のもうひとりのコーチを参照していると思しい点である。『エース』第二部では、宗方の死が全篇を支配していることについてはすでに述べた。この第二部において、生前の宗方から岡の指導を託された第二のコーチとして現れる僧侶が、彼の親友・桂大悟である。宗方の同輩で、ともに日本テニス界の将来を担う大器として期待されていた桂だが、宗方が再帰不能となった時、彼にケガを負わせたことに責任を感じ、ともに引退する。宗方の死後、彼の育てた選手を桂が引き受けることは、岡が見出だされる以前から、ふたりの間で交わされた約束であった。引退後の桂は出家し、修行僧となって宗方との約束を果たす日を待っていたのだ。将来を嘱望された天才プレーヤーながら若くして引退した僧、闊達で豪放磊落と評される性格、桂大悟のプロフィールは、明らかに越前南次郎を想起させる。

もちろん、南次郎は桂を単に反復しているわけではなく、むしろ彼が生きることのなかったifの人生を歩むキャラクターである。南次郎の引退は、息子リョーマに自分のライバルたりうる可能性を見出したことをきっかけとしている。桂が岡のコーチとなるのは親友のためだが、南次郎は自分の相手をさせるためにリョーマを育てる。自らのために生きる南次郎は、言うなれば宗方の死に縛られなかった桂大悟なのだ。

桂と南次郎を対比してみると、『テニプリ』が、さまざまな点で『エース』への返答として自らを位置づける作品であることが見えてくる。主人公の「成長」が問いにさらされるのも、『エース』が平凡なテニス部員に過ぎなかった岡ひろみが様々な苦しみや葛藤にさらされながら、テニスプレーヤーとして、人間として成長してゆく姿を描く自己形成の物語であることと対照的である。そのように考えると、岡がアメリカへと旅立つことで結末をむかえる『エース』第一部に対し、アメリカ帰りの天才少年として登場したリョーマが、アメリカへと再び降り立つ場面で『テニプリ』が締めくくられていることにも、この作品における一貫した姿勢を見ることができるだろう。『テニプリ』ではスポ根マンガの荒唐無稽さを受け継ぎつつも、その自己形成の物語としての性格は徹底して相対化され、あくまでスポーツとして「楽しいテニス」が最終的にえらびとられるのだ。

『テニミュ』の舞台上では、『テニプリ』のストーリーがほぼ忠実な形で展開されている。しかし、生身の身体によって演じられることによって、そこには原作とは別の物語が生起する。主人公キャラクターの「成長」にフォーカスすることで、その差異のありかについて、少なくともその一部分を指差すことができたように思う。原作マンガの紙面上に立つキャラクターと2・5次元の舞台上に立つキャラクターにとって、後者が前者を体現しようとする営み自体が、両者の間に緊張感に満ちた関係を作り出す。そのせめぎ合いのなかで、『テニミュ』では『テニプリ』が遠ざけたスポ根的なドラマツルギーが息を吹き返しているのだ。しかし、それは『テニプリ』が切り拓いた場所からの後退というわけではないだろう。むしろ、今日的なスポーツマンガでは描きづらいスポ根的な感興を可能にする場所が2・5次元の舞台であったのだと、そのように思う。

主人公の自己形成の物語としてのスポーツ根性ものを代表する作品『巨人の星』(一九六六〜七一)について、夏目房之介は「マンガの青年化と読者年齢の拡大、それにともなう主題の高度化、市場の拡大」という一九六〇年代後半におけるこどもマンガの大変化との関わりから論じている。(7)夏目が『巨人の星』の巨大な人気を支えた要因のひとつとして挙げるのは「読者とともに成長する強烈な登場人物の造形」だ。連載が進むにつれ線描が緻密になってゆく絵柄の変遷を、キャラクターの「人間としての精神的成長」を体現するものとして捉える夏目は、この作品を「戦後子どもマンガの読者層を、思春期へと橋渡しする役割を担った」ものとしている。

逆の見方をすれば、『巨人の星』のような青年期的主題を前面化した自己形成の物語が巨大な成功を収めたのは、戦後世代のマンガ読者の成長にともなって読者層が拡大していった時期に、それを牽引した『週刊少年マガジン』という媒体で描かれたからなのだと言えるだろう。少なくとも、今日の『週刊少年ジャンプ』のように、男女問わず、子供から大人まで幅広い年齢の読者層を持つ雑誌では、主人公が成長するにつれ青年期的な主題が浮上してくるといった構成を、読者の成長と足並みを揃えるものとして提示することは実質的に不可能である。その点で、成長がテニスプレーヤーとしての卓越性という形で提示され、最終的にはそれが相対化されるという『テニプリ』の構成もまた、媒体とその読者層に適確に対応したものと言えるだろう。

一方、『テニミュ』では、観賞する側ではなく、演じる側の成長と呼応する形で、キャラクターの成長の物語が提示されている。2ndシーズンで四年間にわたり越前リョーマ役をつとめた小越勇輝は、『テニミュ』専属であったこの期間に成人を向かえている。彼の青春は文字通りにテニスに捧げられているのであり、彼が演じることでリョーマが青年期的な成長の物語を生きることになるのも、2・5次元の条件に適確に対応したものだと言える。

この点については、役者の成長における両義的性格がもたらす葛藤についても触れておくべきだろう。四年という年月は、一方で越前リョーマのイメージを体現する存在として彼を成長させたことは疑えないが、他方、同じ年月がもたらす身体的な成長は、設定上中学一年生である越前リョーマから彼を遠ざけるものでもある。もちろん、生身の身体である以上、複数のキャラ図像を乗り換えるように「テニスを始めた頃の自分」へとあっさりと立ち戻ることもできない。越前リョーマへと近づいていくにつれて、越前リョーマから遠ざかっていく。おそらく2ndシーズンの全国立海戦は、この両義的な成長がもたらす、ぎりぎりの緊張において成立していたのだろうと思う。だからこそ、ライバルたちとの再戦を経て記憶を取り戻したリョーマが「俺は越前リョーマ／テニスが俺のすべて」と歌う時、その切実さのなかで、リョーマに小越が重ね合わされるのでもなく、小越にリョーマが重ね合わせられるのでもなく、小越勇輝が越前リョーマそのものになる。筆者にとっての主観的な事実に過ぎないとしても、ここでそのことを断言しておきたい。

2・5次元的なキャラクターは、役者が役になろうとする姿を観賞するなかで立ち上がる。しかし、役者がキャラクターそのものになる瞬間もまた、たしかにあるのだ。その時、この「2・5」には、もはや「0・5」を足すことも引くこともできないし、またその必要もないだろう。

註

（1）東園子「「宝塚」というメディアの構造　タカラジェンヌの四層構造と物語消費」、青弓社編集部編『宝塚という装置』、青弓社、二〇〇九、一四～三六頁。

（2）伊藤は「キャラクターが立っている」ことを、物語内のキャラクターが実際に生きて現実世界に存在してるかのようなリアリティや「実在感」を持っているものと捉え、それに対比して「「キャラ」であることの強度とは、テクストに編集されることなく、単独の環境の中にあっても、強烈に「存在感」を持つことと規定できる」と述べている（『テヅカ・イズ・デッド』、一〇四頁）。

（3）二〇〇九年からは集英社の月刊誌『ジャンプSQ.』で続篇『新テニスの王子様』が始まり、現在も連載中だが、この続篇は『テニミュ』として舞台化されていないことも考慮し、本章ではこの続篇については触れず、基本的に『ジャンプ』連載分について扱う。

（4）夏目房之介『マンガは今どうなっておるのか？』、メディアセレクト、二〇〇五、四三頁。

（5）『週刊少年サンデー』におけるこの主題系の展開については、本書第四章参照。

（6）本章の趣旨に外れるため詳論しないが、梶原マンガから『エースをねらえ！』の主題の継承を考えれば、「仕事（公的領域）と恋愛（私的領域）の葛藤」がしばしば重要なモチーフとなる女性向け職業ものマンガを、スポーツマンガ史の延長線上に捉えることもできるだろう。

（7）夏目房之介「『巨人の星』論」、『マンガの深読み、大人読み』、イースト・プレス、二〇〇四、一〇六～一一五頁。

9「マンガの実写化」と「マンガから生まれた映画」

マンガ原作映画についての覚え書き

「マンガの実写化」への違和感について

「マンガの実写化」というのがいささか苦手である。と、まずは正直に告白しておきたい。と言っても、その手の作品を観るのが嫌いだ、という話ではない。どうも、この枠組みそのものに自分にとってしっくりこないものがあるらしい。そんなごく個人的な手触りをきっかけに、「マンガ原作映画」について考えてみたい。

昔から、映画館に足を運んだときの楽しみのひとつは予告篇で、なんとなれば本篇抜きのひたすら予告篇ばかり流れるプログラムがあったってよいと思いさえするのだが、遠からず公開になるだろう映画について告げてくれる映像を眺めていると、世の中にはこんなにも「伝説のコミック」があったのか、と驚かされることが多い。なるほど伝説と言われるだけあって私も知っている著名なタイトルばかりなのだが、どうもそれらの作品は自分の知らぬ間に「実写化不可能」という世評を得ていたりもするようだ。そして、このほど、かかる世評もあるなかで、なんと、「完全実写化」が果たされる。そういうことらしい。なんとも威勢のよい話ではある。しかし、こちらとしては気勢を削がれることしきりだ。

少しばかり大袈裟に書いた。実のところ「伝説のコミック」「実写化不可能」「完全実写化」を三つ揃いでばっちり着込んでいるようなものはそれほど多くないはずだ。これは色々な予告篇を観ているうちに私のなかで積み重なったイメージが生み出した、誇張された典型例というものだろう。しかし、この誇張された典型例に出てくる三つのフレーズがお馴染みであることについては、同意してくれるひとも多いのではないか。そのことに期待しつつ、話を進めてみたい。

もとより「実写化不可能」なものを「完全実写化」した、と宣《のたま》うことについては「マッチポンプ」と評するより他はない。しかし、そうした手口で消費者の関心をくすぐることは、予告篇の本分だ。プロレスラーのプロフィールも映画の予告篇も、大袈裟に煽りたてることについて、これで必要十分ということはない。であれば「伝説のコミック」といったキャッチフレーズがいささか乱発の傾向にあったとして、いちいち目くじらを立てるのは、野暮だ。そうはいっても、やはり「実写化不可能」や「完全実写化」という煽り文句の方については、据わりの悪さを感じてしまう。ひとつには、それが煽り文句というよりはどこか言い訳じみて見えるからかもしれない。つまり、マンガやアニメなどの「2次元」ジャンルの映像化作品へ昨今向けられがちな厳しい視線をあらかじめ念頭においているからこそ、そもそも「実写化不可能」な困難な挑戦なのだ、だからそのつもりで観て欲しい、と前もってお断りを入れているように思われてしまうのだ。だったら「完全実写化」なんて言い出さなければ良さそうなものだが、と不思議に思いもする。そして、なおのこと不思議なのは、そもそも、マンガやアニメが映画、あるいはテレビドラマといった形で映像化される時に、「実写化」、しかも十全な「実写化」なるものが、どうしてこうも取り沙汰されるのか、ということだ。

たとえば、マンガやアニメ、あるいはゲームといった「2次元」の物語世界が生身の人間によって演じられるにしても、舞台化の場合となると、「実写化」に期待されるような十全さが求められているようには思えない。いまやこうした舞台化作品を指すジャンル名として「2・5次元」という呼称が普及しつつあるのも、そのことを表すものだろう。このジャンルでは、2次元と3次元のどちらでもないような一種の中途半端さにこそ、その魅力の根幹がある。「3次元」に成りきらない、あるいは成りきれないことによって、舞台上のキャストたちの身体は「2次元」の物語世界を体現することになるのだ。このあたりについては、第八章で書いた通りである。一方、「完全実写化」といったフレーズの重要性を見るかぎり、映像化の場合では、そうした中途半端さ、それゆえの自由さは嫌われ、しばしば「2次元」の物語を「3次元」として顕現させることが目指されているようだ。

しかし、そのような「実写化」が、本当に求められているのだろうか。

近年におけるマンガ原作の映像化の最大の成功例のひとつがMCU（マーベル・シネマティック・ユニバー

ス）に属する一連の作品群であるという主張は、異論を多く招くようなものではないはずだ。さしあたり筆者が異論として思い浮かべることができるのは、ひとつには「マンガの実写化」の成功例に「アメコミ」として持ち出すことの適切さに関する論点、もうひとつはこれらの作品が果たして特定の原作の「実写化」と言えるのかどうか、という論点に基づくものくらいだ。ここでは、ひとつめの異論についてはこだわらず、ふたつめの論点について考えてみよう。MCUの作品群がマンガ原作の「実写化」と呼ぶに相応しいかどうか。私に疑問を抱かせるのは次のふたつの点である。一点目は、CGを駆使したVFXに支えられたMCUの映像世界は果たして「実写」と呼ぶに相応しいのだろうか、という疑問である。CGアニメーションのなかに人間の俳優たちが迷い込んだようでもあり、あるいは、現実の側にCGアニメーションが浸食しているようでもあるが、いずれにしろそこは、「実写（live-action）」と呼ぶにはどうにも心許ない世界に思える。

第二に、いずれの作品の場合も、基になるエピソードはあるものの大幅に換骨奪胎されており、そのシリーズ名にも明らかなようにマンガとは異なる、映画的な別の「世界」を構成している点だ。その意味で、一連の作品群はマンガ原作を「実写」として再現したというより、ある種の異本とみなした方が適当であるように思える。もちろん、別のメディアへ翻訳、翻案が生み出すのは、どんな場合であれ結局は異本である。しかし、マンガで描かれたのと同じ物語世界を、映画で再現しようとした結果として似て非なるものになってしまうことと、マンガ原作を土台にしつつ、同じような別の世界を映画において構築することの間には、無視できない違いがあるのではないか。

国内におけるマンガ原作映画をみてみても、原作の忠実な「実写化」とは異なる方向性の成功作を見出すことはできる。『釣りバカ日誌』シリーズがそれだ。一九八八年に第一作が公開され二〇〇九年に完結するまで二〇作が制作された人気タイトルだが、一九七九年に始まったやまざき十三と北見けんいちによる原作マンガの方はいまも連載を続けている。映画『釣りバカ』もまた、マンガと同じ世界を「実写化」するものというよりは、映像による異本として、自律した世界を形作ったシリーズと言えるだろう。二〇一五年に再度の実写化としてテレビドラマ化された際には、映画版で主人公・浜崎伝助を演じた西田敏行が、もう一人のメインキャラクターであるスーさんこと鈴木一之助役で登場している。ドラマ版がマンガ原作以上に映画版に依拠していることの表れと言えるだろう。MCUにしろ『釣りバカ』にしろ、原作は映像世界を作り出すための「素材」である。もちろん、そのことはマンガに描き出された世界が軽々しく扱われていることを意味しないが、そこにあるねらいは、「マンガの実写化」というよりも、マンガから映画を生み出すことにあるように思える。

シネコンに足を運んでみれば、そこにマンガ原作の映画が一本もスクリーンにかかっていない、という状況はいまや考えにくいだろう。そのなかには少女マンガが原作になっているものも多い。「マンガの実写化」への引っかかりを抱きつつ、これらの作品へと目を向けた時に気づくのは、その宣伝において「実写化不可能」や「完全実写化」という定番フレーズがあまり見られないことだ（そこでしばしば使われるのは「待望の」や「ついに」である）。「2次元」と「3次元」を隔てる壁は、少女マンガ原作ものの場合、さほど問題として意識されていないらしい。もちろん、その理由としては、ストーリー展開が現実的と言えるかどうかはさておき、舞台設定は現代日本の日常的な風景で、派手なＶＦＸに頼らなければ実現不可能な内容を含まないものが多いからだろう。しかし、「実写化」という枠組みとのからみでもうひとつ指摘しておきたいのは、少女マンガ原作ものでは、キャラクターのルックスの忠実な再現が志向されているようには見えない点である。これらの映画では俳優たちのルックスに求められるのは、イケメンや美少女としての説得力であり、原作のイメージ通りの風貌というわけでは必ずしもない。一方で、少女マンガ原作としてはめずらしく、「完全実写化」ということばが採用された河原和音原作・アルコ画『俺物語!!』の映画化（二〇一五年公開）では、鈴木亮平の三〇キロもの増量による主人公・剛田猛男の再現ぶりが話題となった。このことも、3次元的な再現としての「実写化」が少女マンガ原作ものではあまり意識されていないことを示しているように思う。

つらつら考えてみるに「実写化」という枠組みが前面に出てくるのは、やはり2次元の3次元への再現が目指されたり、期待されたりする場合のようだ。もちろん、そうした再現をねらうのも、それを期待するのも、なにか悪いことであるわけでもない。しかし、私が「マンガの実写化」が苦手なのは、どうもこうした再現への志向にあるようだ。というのも、ひとたび「実写化」が論点となってしまうと、映画としてのできばえ以前に、あるいはそれとは別に、再現の成功や失敗という尺度で作品が測られてしまいがちだからだ。別に原作を再現できていようといまいと、映画として面白ければそれでいいじゃないか。要するに、それが私の基本的な鑑賞態度なのだ。ＭＣＵのヒーローやヴィランたちも「コミックの世界」からそのまま飛び出してきたからではなく、丁寧に形作られた「映画の世界」で再起動し、生まれ直しているからこそ説得力を感じ、引き込まれるのだと思う。そうやって、新たな顔、別の側面を見出し、付けくわえるような営みこそが、キャラクターをより豊かな存在としてゆくものであることは、本書でここまで見てきた通りだ。再現にこだわり、ひとつのイメージに縛ろうとしても、それはスクリーン上のキャラクターに息苦しい思いをさせかねない。

「実写化不可能」とか「完全実写化」などと喧伝する予告篇に気勢を削がれてしまうのは、どうやらそういうことらしい。マンガ原作の映画を「マンガの実写化」として観るつもりはないのだから、そこを売りにされても鼻白むより他はないのだ。

「マンガから生まれた映画」について――映画をめぐる映画としての『おろち』

しかし、「マンガの実写化」として鑑賞すること自体につまずいてしまいがちだとしても、マンガとはまったく無縁で独立したものとしてマンガ原作映画を観るのも無理がある。原作にそれなりの愛着があればなおさらだ。私にしても「マンガ原作映画」として個人的に深く強い印象を抱いている映画はある。そうした思い入れが生じるのは「マンガの実写化」というよりも「マンガから生まれた映画」だと感じられた場合だ。たとえば鶴田法男監督『おろち』(二〇〇八年公開)は、私にとってそんな一本である。

マンガ原作の映画としてひとつを挙げろと問われれば、私はいつでもきっとこれを選ぶことになるのだろう。

原作マンガ『おろち』を描いたのは楳図かずお。言わずとしれた恐怖マンガの巨人である。『週刊少年サンデー』に一九六九年から七〇年にかけて連載されたこの奇妙な連作は、楳図の代表作のひとつに数えてしまっていいはずだ。楳図の場合に悩むべきことは、なにを代表作から外すかの方なのだから。正体不明の謎の美少女おろちを狂言まわしに、彼女が出逢うひとびとの数奇な運命と複雑怪奇な心理を描いたいくつものエピソードのうち、映画版の下敷きにされたのは、「姉妹」と「血」という、いずれも姉妹間の愛憎（楳図が描く複雑かつ精妙な心理劇をこのことばで形容するのははなはだしい単純化というほかないが）をテーマに据えた二篇だ。素晴らしい美貌に生まれながら、ある年齢を過ぎると一族特有の病が発症し、やがてふためと見られぬ醜い姿へと変わり果ててしまう——そんな呪われた血の宿命を持つ姉妹の辿る悲劇、という根本的なアイデアとストーリーの枠組みは「姉妹」を踏襲しつつ、中心人物である門前姉妹の名前やおろちの演じる役回りなどいくつかの重要な部分で「血」の内容が取り入れられている。映画版『おろち』では門前姉妹の母親は銀幕の大女優という設定であり、姉の一草はやがてその後を継ぎ映画女優となる、というアレンジも加えられている。このアレンジは、楳図がくり返し描いてきた美醜をめぐる物語のなかでもひときわ強いインパクトをもつ『洗礼』（一九七四〜七六）を想起させるが、より直接的な影響を感じさせるのは、ロバート・アルドリッチ監督の『何がジェーンに起こったか？』（一九六二）だ。姉妹の愛憎を描いた傑作サスペンスであるこの映画は、「血」の着想を楳図に与えたもののひとつと思われる。しかし、映画『おろち』での引用は楳図の原作よりもはるかにあからさまで、少女スターとして活躍する妹とその影に隠れている姉という関係が、長じてから逆転してしまうという構図は、同作そのままだ。原作の下敷きとなった映画を踏まえるという趣向は、マンガで描かれた物語世界を「実写」として再現するというより、それを映画として再構成するための工夫と言えるだろう。『何がジェーンに起こったか？』は共有される元ネタとして映画の世界とマンガの世界との橋渡しの役割を担うものとなっているわけだ。

だが、実際に鶴田の撮る『おろち』を観てみると、美醜をめぐる主題と楳図マンガ特有の歪つで不穏なテンポを取り込んだ『何がジェーンに起こったか？』のオマージュとしての印象が強く、ふたつの映画の出逢いを橋渡しする役目をマンガが担っているように思える。また、映画『おろち』では、姉妹の母である銀幕の大スター・門前葵の出演する劇中劇としてのフィルムが重要な小道具となっている。姉妹の暮らす屋敷には映写室が設けられており、物語の要所で、このフィルムがくり返しくり返しスクリーンに映し出される。この擬古的なモノクロの劇中劇がたたえる古き良き映画へのノスタルジーは、映写室のスクリーンからあふれ出て全篇に横溢している。オマージュとして。ノスタルジーとして。いずれにしろ私が連れ出されるのはマンガではなく映画の側だ。マンガを読むよりも、古い映画を観たい気持ちをそそられるマンガ原作映画。私にとっての『おろち』の素晴らしさは、そのようなところにある。

鶴田はパンフレットに収録されたコメントで「楳図漫画の力強さは、本来の映画の持っていた力強さに合致するのではないかと思った」と述べている。楳図による原作が持つ力強い情念のドラマを梃子にすることで、映画をめぐる映画として成立している『おろち』は、まさしく「マンガから生まれた映画」と呼ぶに相応しいように思う。

しかし、「マンガから生まれた映画」として、再現ではなく映画としての世界が丁寧に構築されているからこそ、スクリーンのなかでどうにも居心地の悪そうな顔をしている（ように私には思えてならない）人物がひとりがいる。他ならぬタイトルキャラクターのおろちである。この正体不明の美少女は、ひとびとの行く末をその謎めいた好奇心で見守る超越的な存在であり、ときに不思議な力を発揮して出来事に介入することもあるものの、本質的には傍観者だ。マンガでは彼女の存在とそのナレーションが、物語の世界へと読者を引き込むために有効に機能している。しかし、「映画をめぐる映画」としての性格が強い映画版では、狂言まわしのおろちに自身を重ね合わせるまでもなく、観客は自らが眼前の出来事を見守る傍観者の立場にあることに気づかざるを得ない。なにしろ、くり返しスクリーンに映し出される劇中劇を通じて、映画を鑑賞するという行為を何度となく意識させられるのだ。傍観者たるおろちがカメラの向こう側で身の置きどころを見つけにくくなるのも当然のことだろう。だから私は、この映画を観るたびに、画面のなかの彼女に「こっちにおいで」と言ってあげたくなる。もちろん、そう言ったところで彼女がこちらにやってくることはない。しかしどちらにしろ、この映画にとって、スクリーンのなかにいる人物ではなく、それを見つめるあなた、そして私がおろちなのだ。

10 マンガと2・5次元

『弱虫ペダル』におけるキャラクター生成のメカニズム

「キャラクター」はどのように生成され、そのイメージを築いていくのか。メディアや表現形式によって、そのプロセスにどのような違いがあるのか。ここまで、いわゆる「2・5次元」の舞台やマンガ原作の実写化を取り上げ、この問題について考えてきた。本章では更なる事例のひとつとして、自転車ロードレースを題材にした渡辺航『弱虫ペダル』と、西田シャトナー演出によるその舞台版、通称『ペダステ』を取り上げ、「3次元」の身体がキャラクターを演じるそのあり方について、より踏み込んで検討することとしたい。

マンガ『弱虫ペダル』におけるキャラクター生成

まず、原作マンガについて概略を説明する。渡辺航『弱虫ペダル』は秋田書店の『週刊少年チャンピオン』二〇〇八年二号より開始され、現在も連載継続中の作品だ。千葉県立総北高校の自転車競技部に入ることになったアニメオタクの少年・小野田坂道が、秋葉原通いで培った脚力と不屈のメンタリティを発揮して、チームメイトとともにインターハイで活躍していく。常勝のライバル校・神奈川県代表の箱根学園の面々や、京都伏見高校の怪物・御堂筋翔など、魅力的なキャラクターを多く擁する「弱ペダ」は、二〇一三年にはテレビアニメ化され、『別冊少年チャンピオン』では渡辺自身による番外編「SPARE BIKE」が連載、さまざまなマンガ家による公式アンソロジー「放課後ペダル」シリーズも刊行されており、いまや板垣恵介「刃牙」シリーズと並ぶ、秋田書店を代表するヒット作となっている。

キャラクターという観点からこの作品について指摘できるのは、キャラ図像の造形上の類型性がキャラクターの多面性、変容の可能性を支えているという構図である。一般的にマンガおよびアニメの、単純化や誇張に基づく類型的造形からなるキャラクターは、その性格や行動も単純で奥行きに欠けるものと考えられがちだ。しかし、マンガのキャラクターは、キャラ図像およびそれを用いて描写された行為・言動の総体として把握される。つまり、キャラクターは、いろいろなコマに描かれる、さまざまに異なる姿（キャラ図像）を組み合わせて表現されるのであり、いくつもの姿の差異や関係性を通じて、読者はその内面的な奥行きや成長を読みとっていく。類型化された造形であっても、いくつもの異なるタイプのキャラ図像を使い分けることで、一人のキャラクターの多面的な性格を描き出すことができる。そのことは本書の、とりわけ第一部における文章でも論じてきた。

『弱虫ペダル』もまた、類型的な、誇張され単純化された性格づけや造形を用いて「いくつもの姿のなかでの関係性と差異」を提示し、巧みな「キャラ立て」を行う作品だ。熱心な読者なら、後に人気を得るキャラクターのうち少なくない者が、脇役として初登場した場面と、本格的な活躍を始めてゆく場面とで、その姿を大きく変えていることに気づくだろう。デザインの洗練とともに、口調や行動パターンも明確に特徴づけられ、誇張と単純化は進むが、同時にキャラクターとしての奥行きも与えられている。モブキャラ風に登場したキャラクターが次第に「キャラ立ち」に目覚める場合だけでなく、造形上の極端な誇張がキャラクターの「成長」とはっきりと結びつけられる例も、しばしば見ることができる。ライバルキャラクターの一人としてひときわ異彩を放つ御堂筋翔は、ストーリー中で幾度かの「変貌」を遂げている。わかりやすいのは髪型の変化だが、精神的または能力的な壁を乗り越える度に、彼は新たな姿を獲得し、ついにはその「脱皮」までが描かれる（図1）。他のキャラクターでも、成長や変化を示す髪型の変化や能力の発揮にともなう身体の変容が描かれる場面はたびたび見られる。

このように成長とともに異様なまでに変貌してみせるキャラクターが多い『弱虫ペダル』にあってかえって異色なのは、主人公・小野田坂道と今泉俊輔、鳴子章吉の同級生トリオだろう。ストーリーの初期から登場する重要キャラクターである彼らは、他のキャラクターに比べて、変貌の契機を欠いている。なにしろ、一年目のインターハイを終えた三人は、いずれも自分自身ではなく、自転車の装いのほうを新たにするのだ。だからといって、彼らが内面的な成長や変容の契機を欠いた平板なキャラクターであるわけでは、もちろんない。他のキャラクターの成長や変貌は、彼らと周囲の関係性にも変化を与えるものだ。総北トリオは、変貌から遠ざけられることで、むしろ「成長せよ」という課題を与えられる。それは、ストーリー上でも明らかだ。ここでも造形および描写における特徴と物語の主題の連携が、「キャラ立ち」を支えている。

2・5次元のキャラクターと身体

原作『弱虫ペダル』は、マンガにおけるキャラクターの生成原理を活かし、類型的、あるいは誇張された造形や描写を梃子に、明快な「キャラ立ち」と内面的奥行きや成長を描いている。しかし、マンガやアニメ等の「2次元」コンテンツを原作とする「2・5次元」舞台は、必ずしもマンガと同様のキャラクター生成が成り立つわけではなく、そこにはいくつもの困難がある。しかし、『ペダステ』では、それがさまざまな工夫によって乗り越えられ、「2・5次元」での「キャラ立ち」や内面的奥行きが実現されている。以下、ペダステを例に2・5次元におけるキャラクターの生成原理を論じていくのに先立ち、まずはこの舞台について概要を述べておく。

『ペダステ』と通称される「舞台『弱虫ペダル』」は、二〇一二年一二月に第一作が上演された。演出

図1　渡辺航『弱虫ペダル』第30巻（秋田書店）より。ライバルキャラクターの御堂筋翔は作中、「脱皮」という変貌を遂げる

は西田シャトナー。ハンドルだけを手に、身体を駆使してロードバイクを表現したり、メインキャストも一人数役をこなし、時に器物まで演じる演出には西田の手法が存分に発揮されている。原作のストーリーを追いかけながらシリーズは継続し、二〇二〇年春の時点では一四作が上演されており、数ある2・5次元舞台のなかでも人気作の一つと言ってよい。TVアニメ化に先駆けて舞台が人気を博し、多くの新規女性ファンを呼び込んだ点でも、2・5次元舞台というジャンルの歴史を辿る上で重要なシリーズだ。

　原作マンガ『弱虫ペダル』では、誇張され単純化されたキャラ図像間の落差やズレを巧みに用いて「キャラ立て」がなされていた。しかし、第八章でも見てきたように、こうしたマンガにおけるキャラクター生成のメカニズムは、舞台上でそのまま機能することはない。第八章で論じた『テニミュ』の場合は、キャラ図像間のズレに代わる効果を生んでいるのは、「役」と「役者自身」の間のズレだ。一方では「役者がその役を体現できているかを鑑賞し、他方ではそこから逸脱する部分に役者自身を垣間見る」ような「役と役者の距離をはかる」ような視線のもと、観客は舞台上の人物を見つめている。しかも、若手キャストを中心とするテニミュの場合、そのようにして舞台を鑑賞することは、キャストの成長過程を見守ることでもある。成長していくキャストの姿が役と重ね合わされることで、キャラクターの成長が観客に強く印象づけられることになる。確立されたキャラクターのイメージを体現すること自体ではなく、それをキャストが体現しようとするする様こそが、2・5次元のキャラクター生成の原理においては重要である。役と役者の間でつむがれる関係性の中に2・5次元のキャラクターは立ち現れるのだ。

『ペダステ』におけるキャラクターの生成

さて、こうした「役」と「役者」の重ね合わせによるキャラクター生成のメカニズムは、『ペダステ』においても十分に駆動しているだろうか。まず一つ指摘できるのは、シリーズ当初において『ペダステ』のキャストは、「テニミュ」と異なり、すでに2・5次元の舞台も含め実績のある役者が主であった点だ。御堂筋翔を演じていた村井充のような、そのシルエットまで含め、一目瞭然にキャラクターを体現してしまう身体を前にしては、キャストとキャラクターの成長を重ね合わせるような視線は出番がない。また、すでに述べたようにペダステの特徴の一つに、メインキャストが一人多役を演じるスイッチプレイがある。それは時に物語の没入を醒ますような仕方で用いられる。しばしば見られる女性キャラクターをメインキャストたちが演じる場面は、コメディー的な要素として構成に緩急を与える役割を担うことが多いが、白熱した場面でも、ほとんど冗談のようにこの手法が使われることもある。たとえば第三作「インターハイ篇 The First Result」では、落車により最下位まで順位を下げた坂道が、チームに追いつくため一〇〇人抜きをやってのける場面で、箱根学園三年・荒北靖友役にキャスティングされた鈴木拡樹は、なんと坂道が道を占拠する集団を抜き去るために強引に走破する「側溝のヘリ」を演じてみせている。

こうした一人多役のスイッチプレイは、役と役者の重ね合わせを切断し、躓かせるものであり、原作の持つ熱血・スポ根的なテンションを相対化してしまう要素にも見える。しかし、同一性やストーリー展開の勢いを切断し脱臼するこうした操作は、実は原作『弱虫ペダル』が持つテンションを舞台上において再生させる上で、大きな意味を持っている。マンガのキャラクターが複数のキャラ図像によって表現されるのは、マンガの紙面がコマによって分節されているからにほかならない。連続性が断たれているることはマンガの基本的な条件だ。その意味で、ストーリーの流れを躓かせ、切断するような演出上の操作は、マンガ的な空間を舞台上に成立させる上で、実は効果的なものなのだ。

では、そのようにして立ち上げられたマンガ的な空間では、何が行われているのか。もちろん、そこで描かれるのはロードレースだが、実物の自転車はほとんど登場せず、ハンドル状の小道具を手に、身体を駆使した演技が行われる。ハンドル状の小道具で自転車に乗っているフリをする姿は一見すると滑稽だが、実は自転車に乗らないことこそが、原作におけるロードレースの迫力の実現に欠かせない要素である。原作『弱虫ペダル』の特徴のひとつは、その異様なまでのテンションの高さにある。それはス

図２　渡辺航『弱虫ペダル』第 12 巻（秋田書店）より。マンガで標準的なフォントとされる「アンチゴチ体」をあまり使わず、常に何らかの強調表現が用いられている。

図３　渡辺航『弱虫ペダル』第 12 巻（秋田書店）より。白熱したレースの場面で、セリフやコマの枠線、効果線までにカスレが用いられ、シーンを劇的に演出している。

トーリーのみならず、表現・演出面においても顕著で、例えば、この作品ではマンガの標準的なフォント「アンチゴチ体」の使用頻度がひどく少ない（図2）。そのことは、ほとんどのセリフが、なんらかの「力強いことば」として提示されていることを意味する。また、白熱したレースの際にはしばしばコマ枠がカスレを利用した荒々しい線で描かれる（図3）。『弱虫ペダル』では、コマもセリフも、常に劇的に強調されており、要するに決めゴマと決めゼリフが連打されるような画面構成になっているのだ。言い換えれば、自転車で走り続けているように見えながら、実質的にはキャラクターが見得を切り続けているのがこのマンガなのだ。こうしたテンションの実現には、滑らかな走りを描けてしまうアニメよりも、実際に力強いポージングで見得を切ってみせる舞台のほうが適している。また、そうした決めポーズの連発によるテンションの高さを実現するための力強い演技によって、『ペダステ』でも、滝のような汗を流し身体を酷使して限界に挑む様において『テニミュ』とは異なる形で役と役者と役の重ね合わせが生じていることも指摘できる。一見すると観客の没入を醒ますようなペダステのさまざまな演出は、原作の持つテンションを2・5次元において実現する上で、実に巧みに機能していると言ってよい。演出の西田シャトナーは「舞台は原作の再現ではない」とし、「原作者もなにかを再現したのであり、僕も別の方法によってそのもとになったなにかを再現している」と述べている。(1) 類型化や省略、切断や脱臼といった限界やほころびを駆使しながら、「もとになったなにか」としての物語世界へと受容者を引き込んでいくのが、マンガや2・5次元の魅力である。そして、そのための媒介として、物語世界とわれわれとの境界面に立っているのがキャラクターなのだ。(2)

註

（1）「インタビュー：コロスの響くロードレース――舞台「弱虫ペダル」に吹く風」『ユリイカ』二〇一五年四月臨時増刊号、青土社、五二頁。ただし、西田自身は同インタビューで、自らの演出する舞台は「ぜんぜん二・五次元のつもりはない」のだと発言している。

（2）本章の内容は、二〇一五年一一月一八日に東京大学で行われたワークショップ「イケメン×2・5――境界、まなざし、在／不在」での筆者の発表内容を発展させたものである。

11 「リアル」になる
キャラクターとしてのラッパー

自分が自分であることを

「自己紹介につぐ自己紹介」というのは、二〇一三年に放送されたNHKの連続テレビ小説『あまちゃん』に出てきた印象的なフレーズである。このドラマのなかで、続けざまの自己紹介芸を見せてくれるのはアイドルたちだ。だが、ヒップホップリスナーとしての私からすれば、このフレーズはラッパーにこそほんとうに似合うのではないかと思う。

MCとしてのスキルのヤバさについて。生まれ育った地元《フッド》の風景や気のおけない仲間について。ときにはあの頃《back in the day》に戻ってヒップホップとの出会いについて。好きなファッションブランドについて。愛車について。ガンジャについて。そして、そのワルとしての生き様について。ラップソングのトピックのなかには、広い意味で「自己紹介」に属するものが多い。

自分がどんなヤツなのか。それを言葉巧みに語ることにかけて、ラッパーに勝るものはいない。

「自分が自分であることを誇る」というのは、RHYMESTERの「B－BOYイズム」でも引用されたK DUB SHINE「ラストエンペラー」の伝説的なパンチラインだが、なるほど、ラッパーというあり方の本質をあからさまにするようなひと言だ。

もちろん、あらゆるラップソングが「自己紹介」に尽きるわけではないし、あらゆるラッパーが自己顕示に精を出しているわけでもない。けれども、自分自身を主題に一人称でラップするかどうかは、マイクを握ってパフォーマンスするそのひとから「ラッパーらしさ」が感受されるかどうかに少なからず影響している。少なくとも私にとっては。別の言い方をすれば、「自己紹介」的なラップから遠ざかるほどに、ラッパーというよりもミュージシャンだとかアーティストといった形容が似合ってくるように思われる。もちろん、そういったタイプのラッパーをここでディスしたいわけではまったくない。ただし、「自己紹介」から降りることは、ある意味でヒップホップのゲームからも降りることなのだと、言うことはできるのではないか。

長谷川町蔵は大和田俊之との対話のなかで「ヒップホップは音楽ではない」と考えることでその面白さが見えてくるのだと語り、「一定のルールのもとで参加者たちが優劣を競い合うゲーム」「コンペティション」としての見方を提示している(1)。たとえば、テレビ朝日で放送されている『フリースタイルダンジョン』などで一般的にも広く知られ始めたフリースタイル、あるいは即興(2)のラップによるバトルは、ヒップホップのゲーム、もしくはコンペティションとしての側面を理解するのに非常にわかりやすい素材と言えるはずだ。では、そこで競われているのは何なのだろうか。

長谷川の発言をうける形で、大和田もまた自分が接した、USのヒップホップを愛好する帰国子女の学生の「ヒップホップに対する接し方」と「いわゆる音楽ファンの聴き方」との違いについて触れ（傍点筆者）、彼が音楽の話以上に、ラッパー同士の揉め事などの人間関係について強い関心を寄せていると語っている。(3) コンペティションとしてのヒップホップを楽しむ時には、「ラップミュージックを楽しむ」よりも「ラッパーを楽しむ」ことの方が肝心な場合があるようだ。つまり、そこで競われているのはラッパーの「キャラ立ち」の優劣だと言ってもよいだろう。

こうした受容のあり方に着目し、本章では、「キャラクターとしてのラッパーを楽しむ」という視点から、日本語ラップの面白さについて描写することを試みたい。もちろん、ヒップホップやラップを鑑賞することの楽しみが、そうした事柄に尽きるわけではない。けれども、ラッパーにとって「キャラ立ち」が重要なのは間違いないことだし、オーディエンスがラッパーにある種「キャラ萌え」をするような見方があることは、上の例からも分かることだ。「キャラ萌え」ということばが当てはまることにも示されるように、こうした楽しみ方は、一見するとかけはなれた領域のように思える、アニメやマンガ、ゲーム、あるいはアイドルといったサブカルチャーを楽しむあり方と通底する部分が少なくない。たとえば「音楽原作キャラクターラッププロジェクト」である『ヒプノシスマイク』の成功はそのひとつの証左と言えるだろう。以下では、キャラクター論を糸口に「ラッパーの楽しみ方」を描写することで、日本語ラップもまた、こうしたジャンルと相通じる、日本のポップカルチャーとして捉えてみたい。

「リアル」の条件

コンペティションとしてのヒップホップを楽しむ際には、時に音楽以上に、ラッパー自身へとオーディエンスの関心が向けられる場合がある。そのことは先に述べた。したがって、そうした関心が向けられる場で競い合うラッパーたちにとって、「自己紹介」が大切なのは当然のことだ。ただし、「自分が自分である」ことを誇る様が評価を得るには、そこで表現される「自分」が、「リアル」であることを証明する必要がある。

「リアルであれ」というのは、ヒップホップにとって重要な格率のひとつだ。「自分が自分である」ことが重要なのも、この格率に根差すものなのだろうし、そのことはオーディエンスにも基本的に共有されている。だからこそ、ラッパーたちは、自分が自己紹介どおりの「リアルなＭＣ」であることを証明してゆかなければならない。

しかし、こうした時に問われる「リアルである」ことの実態はどういうものなのだろうか。あるいは、なぜそれほど「リアルである」ことが問われなければならないのだろうか。たとえば、私たちがなにかを「これはリアルだ」という風に表現するのはどんな場合だろう。考えてみると、この形容が使われるのは、実物を目の前にしてではない時が多い。絵に描いた餅が、今にも食べたくなるような生々しい質感をたたえていたら「この餅はなんてリアルなんだ」という感想を持つかもしれない。だけれど、実際に目の前で餅が美味しそうに焼けていたら、「なんてリアルなんだ」と口にするより、冷めないうちに餅そのものを口にする方が良い。こういう場合、「リアルである」という形容には、口にされない「まるで」がついて回っている。

つまり、「リアル」が問われる時には、多くの場合、「それそのもの」ではないなにかについての経験が、前提とされているということだ。現実や実物そのものではなく、なんらかの表象が関わる時に「リアル」だという評価は意味を持つ。もちろん、ルーヴル美術館で《モナ・リザ》を鑑賞する時や、これまで音源や映像でしか触れたことのなかったアーティストのライブパフォーマンスを目の当たりにした時などに、「やっぱリアル（本物・生）は迫力が違う」と言ってしまうように、実物に対してこのことばが使われることもある。けれども、この場合に「リアル」ということばが口をついて出てくるのも、やはり実物以前にすでに複製メディアを介した経験あればこそだろう。「リアルである」という評価が意味を持つのは、評価の対象が、なにかの複製であったり表象であったりする場合か、その対象の複製や表象の方があらかじめ認知されている場合だ。もちろん、こうした意味合いとは異なる「リアル」の使い方はありえる。だから「リアルであれ」についても「自分に正直であれ」と受け取ってしまってもかまわない。けれども、ラッパーの「キャラ立ち」について、キャラクターとしての「ラッパーの楽しみ方」について考えるなら、生身の彼らに対して、私たちがついつい、あるいは、わざわざ「リアルである」と言わされてしまうその経験の独特さにこだわってみた方が良いはずだ。

ラッパーが「リアルである」と評される時に、それは何に対して「リアル」なのか。まず考えられるのは「彼のラップはリアルだ」などと評される場合で、その時にこうした評価を支えているのは、その内容が彼の実人生に即した「ウソのない」ものだ（と感じられる）ということだ。ここでは表象としてのラップが「リアル」かどうかが、実物としてのラッパー自身との関係性からはかられることになる。こうした「ウソのない自己像」の提示という点で、群を抜くラッパーとして挙げられるのがKOHHだろう。「白いごはんに醤油かけて食べるのも美味い」（ANARCHY「Moon CHILD feat. KOHH」）といったラインの素朴すぎるまでの正直さには驚くべきものがある。ただし、単に「ウソのない自己像」をラップしただけで「リアルなラップ」という評価を得られるかといえば、話はそう単純ではなく、そこで描きだされるラッパーの生き様が「リアルであるか」も、その時には同時に問われている。ウソがなければどんな生き様をラップしても「リアルである」と言ってもらえるわけではない。そこには、語るに値する「生き様」とそうでない「生き様」との間での線引きがある。素直で素朴なことばを吐きだせば、誰もがKOHHになれる訳ではなく、大抵の場合、「キャラ立ち」することが出来ずに埋れてしまうだろう。(4)

都築響一によるインタビュー集『ヒップホップの詩人たち』（新潮社、二〇一三）をめくってみても、ラッパーに求められているのが単に「ウソのない」生き様でないことは伝わってくる。都築はそこに登場するラッパーたちについて「ひとりずつ、タイプはまったくちがうけれど、リアルな言葉しか書けず、歌えないという一点だけはみんな一緒だった」と、あとがきで語っている。一方で、同書からはそうしたラッパーたちの半生をドラマチックな物語として浮かび上がらせようとする傾きも読み取ることができる。インタビューを通じて、ラッパーたちの「リアル」な生き様をドラマチックに描写しようとする同書のねらいは、とりたてて特異なものではなく、そもそもラップのなかで自分たちの生き様を語ること自体が、魅力的でなにかしら語るに値するものとしての自己像を提示することであり、ラッパーはそこで自分自身を主人公にした物語を綴っている。その意味でラッパーはまず、すぐれた物語作者でなければならない。都築のインタビューでは、生身のラッパーに、ラップのなかで彼らが生み出した「キャラクターとしてのラッパー」が明らかに投影されている。「自分が自分である」ことを誇るため、「リアルなラッパー」であるために、ラッパーはオーディエンスが投影してくる、自らが生み出したキャラクターとしての自己像を受け止め、自分がそのキャラクターたるに相応しい存在であることを示さなければならない。ほんとうに実人生に即したラップをしているのかどうか、ということ以上に、ほんとうにラップのなかに出てくるみたいな人物なのか、ということの方を、彼らはその生き様によって証明しなければならないのだ。つまり、ラッパーは「原作者」であると同時に「原作」に登場するキャラクターを演じる存在でもある。

このように述べることで、ラッパーたちの振る舞いが単なる演技や誇張であり、実人生とはかけ離れた見せかけに過ぎないと言いたいわけでは、もちろんない。ラップのなかに描き出されたキャラクターとしての自己像を、生き様をもって証明することは、それほど甘い話でない。漢 a.k.a. GAMI の自伝『ヒップホップ・ドリーム』（河出書房新社、二〇一五）のなかで綴られている、MCバトルの最中に同じクルーに所属する PRIMAL が対戦相手に向けて口にした「刺す」ということばを「リアル」にするために、実際に襲撃事件を起こしたという、過激すぎるエピソードにもそれは明らかだ。「キャラクターとしての生《リアル》」を全うすることは時に命がけである。

「リアルなラッパー」に求められるのは、まず自分の人生を物語化し、自己を魅力的にキャラ立てしてゆく詩的な能力であり、描き出された「自分というキャラクター」を体現してみせるパフォーマーとしての能力である。単に実物として「リアルである」というだけではなく、まるでラップで描かれた世界から飛び出てきたような、虚構的な存在感が、ラッパーとして「リアルである」ことにとっては大事になってくるのだ。

物語から飛び出して

「キャラクターとしてのラッパー」という視点から見てみると、生身のラッパーは現実の存在でありながら、楽曲で語られた物語を原作とする二次的な何者かということになる。先に挙げた都築のインタビューは原作重視の立場から、「実写」としてのラッパーに取材したものだと、比喩的には言えるだろう。しかし、「(キャラクターとして) リアルである」ことを維持するためには、原作通りであるだけでは、実は難しい。「リアルなラッパー」を体現するスキル、「キャラクターとしての自分自身」を創出し、その依代になるというスキルに関して、日本においてもっとも突出したラッパーのひとりがD．Oであることは間違いない。練馬を拠点とするクルー「練マザファッカー」のプレジデントとして知られる彼が「ラッパーってのはリアルなんだ」と力強く断言したのは、二〇〇九年の麻薬取締法での逮捕を経ての復帰第一弾のシングル「I'm Back」（二〇一〇）においてである。テレビ出演で話題をあつめ、メジャーレーベルからのアルバムリリースも目前に控えたタイミングでの逮捕（無論、そのアルバム『Just Ballin' Now』はお蔵入りし、現在も幻の一枚となったままだ）という大きなトラブルを真っ向から受け止めた上で、警察に対して「ボクはアナタ方が大キライで、こう思っています。クソッタレ」と言ってのけるD．O。曲のなかに落とし込まれた生き様は、実人生を反映した「リアル」なものだが、同時に、メディアやステージの上に現れるその姿は、表情、しぐさ、話し方、そのすべてが、まるでマンガか何かから飛び出してきたような圧倒的な存在感をはなっている。語尾に「〜メーン」と付け加えるといった、そのしゃべりは、カリカチュアめいて過剰であり、ほとんど自己パロディの域に達している。しかし、だからこそ彼はキャラクターとして誰よりも「ホンモン」なのだ。二〇一八年六月に再び逮捕され実刑判決を受けたD．Oは二〇二〇年現在服役中だが、勾留中の二〇一八年七月にはミックスCD『悪党 THE MIX』をリリース、二〇一九年九月、収監直前には『悪党の詩D．O自伝』（彩図社）を「獄前リリース」（同書第七章のタイトルだ）している。さらには作家・編集者の草下シンヤの協力を得て、獄中からの手紙による日記「JUST PRISON NOW」をnoteで連載するなど、物語を生きるキャラクターとして自らを提示する「リアル」な姿勢は苦境の中で一層際立っている。

D．Oの「リアルな生き様」は、余人においそれとは真似できない名人芸だが、ラッパーの「キャラ立ち」にとって必要なことが何かについて、多くを教えてくれている。実人生をラップに落とし込む時に自らを魅力的なキャラクターとして語る技量が求められるのとと同様、キャラクターを生身に落とし込む時にも、再解釈、パロディとして、自らをさらに語りなおす視点が必要になってくるのだ。ラッパーはその身体で、キャラクターとしての自己をライブパフォーマンスとして、いわば「2・5次元」化してみせる。

さやわかが提起する「キャラが時間を持つ」というアイデアについて、本書の序論で触れた。このアイデアによって、さやわかは、静的な存在としてでなく、作品と受容者の間にあるインタラクションの最中で、動的に生成されるものとしてキャラクターを理解しようとしている。集団のなかの役割としての「キャラ」にしても、マンガなどのフィクションにおける登場人物にしても、時間的な推移のなかで変容しうる。あらためて確認しておくが、マンガであれば、同じキャラクターの図像（キャラ図像）が、いくつものコマに、複数のページにわたって繰り返し登場するが、それは単なる「同じもの」の反復ではない。ひとつひとつのキャラ図像はそれぞれに別のものであり、キャラクターはそうした無数のキャラ図像群、それを用いて描かれた行為の総合として把握される。したがって、新たなキャラ図像が描かれるたび、ページの上に、コマの内部にあらわれるたびに、総体としてのキャラクターは更新されてゆくことになる。今日のポピュラーカルチャーのなかで、キャラクターは変容の可能性にひらかれ、むしろそれを期待されるものとなっている。アニメやマンガのキャラクターを楽しむためのお馴染みの手段のひとつが二次創作であることにも、それはよく示されているだろう。

「原作」において確立された自己像をただ反復するのではなく、「リアル」であり続けるために、自らを絶えず再解釈し、イメージを更新してゆくラッパーのあり方が、こうしたキャラクター表現の楽しみ方と親和性が高いのは、いまや明らかだろう。物語から飛び出して自由に動き回る振る舞いは、いわばオフィシャルなスピンオフやメディアミックスのようなものであり、オーディエンスの想像力、「二次創作」の欲望を刺激してやまない。こうも「燃料」を投下してくれるのだから、彼らに「キャラ萌え」せずにいることの方が難しい。

そもそも、ヒップホップにはオーディエンスに対し、キャラクターとしてのラッパーへの想像力を喚起する契機が豊富に用意されている。たとえば、あるラッパーが、別のラッパーの曲に客演するということはヒップホップの楽曲では、頻繁に行われる。また、それぞれの曲のなかに客演としてではなく、登場人物のひとりとして別のラッパーが登場することもあれば、もっと素朴に、仲間達の名前が列挙される場合もある。こうした事柄がラッパー＝キャラクターの関係性への想像を逞しくする手助けであるのは明らかだ。もちろん、仲間としての良好な関係性ばかりが目につくわけではなく、時にはお互いをディスする曲が発表され、「ビーフ」と呼ばれるいさかいが生じることもある。ヒップホップヘッズたちは、客演であったり、ビーフであったり、さまざまな形で示されるラッパー間の関係性を想像し、さまざまな解釈や物語を読み込み、そうした物語をキャラクター＝ラッパーたちに投影してゆく。自らの解釈のもと、このラッパーとこのラッパーが客演して欲しいといった楽しい想像をすることは（少なくとも私の場合）しばしばあることだが、こうした楽しみは、いわば「カップリング」妄想に近いものだと言ってみても良いだろう。

「自己紹介」の性格が強いラップソングは、漠然とした「誰かの物語」として振る舞うにはあまりにも具体的で、リスナーが自分自身を投影し、共感するような享受の仕方とは相性が悪い。その代わり、ヘッズ＝オタクとしての私は、ラッパー＝キャラクターへの想像／妄想を楽曲やパフォーマンスに投影することができる。そのような形でラッパーを「二次創作」することは、「キャラ立ち」を競う彼らがサバイブする環境づくりに参加することでもあり、ある意味では共感よりも積極的で想像的な楽しみ方なのだ(5)。

コンペティションとしてのヒップホップ自体が、キャラクターへの想像を喚起する契機にあふれていることを踏まえれば、「高校生RAP選手権」や『フリースタイルダンジョン』といったMCバトルの番組が、従来のヒップホップファンに留まらない広い範囲で受け入れられたのも当たり前のことのようにすら思えてくる。MCバトルは、「自己紹介」とそれを証明するパフォーマンスによる自己のキャラクター化だけでなく、対戦をつうじて他のラッパーとの関係性も生み出され、再解釈の糸口やイメージ更新の契機が矢継ぎ早に生じる動的なキャラクター生成の場だからだ。対決の構図のなかで、互いを激しくディスりあい、あるいはリスペクトしあうことは、もちろんオーディエンスに両者の関係性を読み込むきっかけを与える。また、バトルの場は、当のラッパー自身ではなく、別の作者（対戦相手）の視点から、そのキャラクターが新たに語り起こされる契機でもある。ラッパーは対戦相手からの「二次創作」を差し出され、「さあどうですか?」と問われるわけである。さらには、即興でフリースタイルをしてゆくなかで、不用意なことばや「素の表情」がポロリと漏れてしまうこともあるだろう。『フリースタイルダンジョン』のような番組であれば、煽りVTRなどによって、やはりラッパー自身の手を離れた形で、自己の「紹介」が行われてしまう。

こうした現場においては、楽曲の場合と異なり、ラッパーは、自分というキャラクターのありようについて、作者として手綱を握ることはできない。むしろ、さまざまな解釈にさらされることをラッパー自身が楽しみながら、キャラクターとしての自分を更新しつづけてゆくことが、リアルでありつづけるための手立てなのだ。だから、バトルで対戦相手に痛烈にディスられて、本気で怒ってただ怒鳴りちらしてしまうようなラッパーは、株を下げることになるだろう。あるいは、そうしたディスを気に止めなさすぎるラッパーは、バトルに強いかもしれないが、退屈だ。多少大げさに言ってしまうならば、リアルであるためには、ラッパーは「二次創作」の良き読者でなければならないのである。(6) 真に受けてオンビートでいくのか。あるいはオフビートにズラしていくのか。アプローチは自由だが、様々な形で自らに向けられる想像や妄想をノリこなしていくのが「キャラクター=ラッパー」なのだ。(7)

「ダメなラッパーは肉だ」というのはNIPPSによる良く知られたパンチライン(DJ MASTERKEY「ONE LIFE (Won Light) feat. DEV LARGE/SUIKEN/NIPPS」)だが、たしかに単に肉のまま、生身のままの自分をただ提示するだけではダメなのだ。「リアルなラッパー」になるためには、自分自身を料理して物語の世界に落とし込み、キャラクターとなった上で、「まるで」を引き連れて、そこから飛び出してこなければならない。キャラクターとして、虚構と現実との緊張関係に身を投じ続けることで、ラッパーは「リアル」になるのだ。

註

（1）長谷川町蔵・大和田俊之『文化系のためのヒップホップ入門』、アルテスパブリッシング、二〇一一、一九頁。

（2）厳密にいえば、フリースタイルとは即興でのラップのみを指すわけではなく、元来は主題や形式を特に決めないままのライムをこのように呼ぶ。純然たる即興でライムする行為を指すことばとしては「トップ・オブ・ザ・ヘッド」がある。

（3）前掲書、二一頁。

（4）強烈な「キャラ立ち」を発揮するラッパーは、しばしば、語るに値する「生き様」とそうでない「生き様」との間の線自体を引き直し、「リアル」の評価基準を更新してしまう。そうした点で近年のラッパーたちのなかで特筆すべき存在として名前を挙げざるを得ないのがTajyusaim Boyzだ。あれもこれもリボ払いなのだとフックで連呼し（「リボで買う」）、リッチさを誇示するのではなく、多重債務を抱えた破綻した生活ぶりをラップすることが、「リアルなラップ」として「アリ」だったのだと発見させてくれるその軽やかさは感動的ですらある。

（5）もちろん、ラップソングが全面的に「共感」と無縁であるわけではない。たとえば、不良生活とは縁のない私だが、NORIKIYO「DO MY THING」を聴くと、なぜかいつでも不思議と「自分の物語」だと感じてしまうし、METEOR「4800日後…」の「ここはクラブ、ドリンクたっけえな。でも外よりはあったけえな」というパンチラインに、共感とともにうなずくクラバーは少なくないはずだ。しかし、これらの曲も基本的にラッパー自身の物語として提示されており、さまざまな人間が代入可能な「誰かの物語」という形式をとってはいない。この点に、ラップソングといわゆる「J-POP」の歌詞の方法的な違いがあるだろう。楽曲やパフォーマンスがキャラクターへの想像を喚起する装置となっており、そうした想像が楽しまれている点では、ラッパーとアイドルの楽しみ方には強い親和性があるが、秋元康が書くようなアイドルソングの歌詞は、大抵は「誰かの物語」の体裁を保っており、それに比べてラップソングはより直接的である。

（6）もちろん、それ以前に、ラッパーはすぐれた「同人作家」でなければならない。と、願望を込めて言っておきたい。

自己を絶えず再解釈することが大切なのはもちろんだが、対戦相手を魅力的に「二次創作」し、我々の妄想の牽引してくれる「大手サークル」の役割が、バトルの場では求められる。ほんとうに競われているのは、試合の勝敗ではなく、互いの「キャラ立ち」なのだから、相手の「キャラ立て」を拒むラッパーは、相手のディスを受け流すだけのラッパー同様、強いとしても退屈だ。とんでもない負け方をするラッパーの方が、淡々と勝つラッパーよりも、忘れえぬ爪痕を残す点で勝っている。「記録より記憶残す」のが、ラッパーの本分なのだ。

（7）「キャラクターとしてのラッパー」を自由自在に楽しむ場として『フリースタイルダンジョン』のような番組を捉えてみた時、異質な存在感を放っているのが、初代ラスボスとして君臨する般若である。ガウン姿に大きなサングラスといった奇をてらった風体で登場し、バトルのステージにあがった時以外は決して自分ではことばを口にしない般若の姿は、一見、だれよりもキャラクターであることを楽しんでいるように見えるかもしれない。しかし、一方でその振る舞いが、「素の表情」を視聴者に見せないための韜晦であることも確かだろう。この韜晦ぶりは彼のインタビューなどでもしばしば見られるものだ。むしろ、般若は極端に奇抜なキャラクターを身にまとい、まともなことを話さないことで、自らのイメージを他人に自由に再解釈されることを拒んでいる。それは言わば「二次創作お断り」の姿勢であり、キャラクターであることより作家であることを優先する態度なのだ。こうした態度はヒップホップゲームの参加者としての「ラッパーらしさ」に欠けるものだが、マイクを握ってステージに立てば、一瞬で自らが「リアルなラッパー」であるということを証明できるという確信が、彼にこうした戦略を採用させているのだろうし、その確信は、もちろん実力によって裏打ちされている。

12 キャラクターはどこにいる

『ヒプマイ』そして「解釈違い」

キャラクターを自分のものにすること

キャラクターを享受するとき、あるいは何らかの対象をキャラクターとして享受するときに、私たちが引き受けるべきこととして何があるだろうか。

キャラクターを享受することは、単に鑑賞するだけでなく、さまざまに解釈し、消費することも含めて、キャラクターの生（あるいはキャラクターとしての生）に能動的に関わる営みである。少なくとも、本書に収められた文章は、そうしたアイデアに基づいて書かれている。

たとえば、マンガにおけるキャラクターも、私たちがいくつものキャラ図像をひとつのキャラ人格に結びつけることを通じて立ち上がってくるものである。あるいは、前章で取り上げた例を思い浮かべてもよい。キャラクターとしてのラッパー達が生きる場は、彼らが「リアル」かどうかを問う享受者たちによって支えられている。この場合、享受者とは必ずしもヘッズと呼ばれるファンのみに限らず、当のプレーヤー自身もその中に含まれるだろう。

キャラクターの享受が持つ能動性を示す典型的なものとしては、「二次創作」と呼ばれるようなファンクリエーションがあるが、そうした活動の中でもっとも単純で、それだけに基本的なものとして挙げられるのはキャラ図像を描くという行為だろう。この「描く」という行為に注目したキャラクター論を展開しているのが足立加勇だ。『日本のマンガ・アニメにおける「戦い」の表象』（現代書館、二〇一九）において、足立は伊藤剛が『テヅカ・イズ・デッド』において提示した「キャラの強度」という概念を取り上げ、これを「テクストを超えて、キャラクターの同一性が維持される強さを指す」ものだと述べ、キャラ図像を描く行為と関連付けて説明している。足立によれば、「あるキャラクターが〈キャラ〉の強さを持っているかどうかは、第三者が模写ではなく自分の画風でそのキャラクターの「似顔絵」を描くことが可能であるか」によってテストされる。[1] なるほど、さまざまに異なるスタイルで描いても、それがどのキャラクターかを容易に判別できるよう特徴付けられていることは、キャラ図像にとって重要である。そうしたある種わかりやすく特徴付けられ類型化された造形であれば、たとえ拙い絵で描かれていても、判別のためのポイントさえおさえておけば、さしあたり「誰」を描いているかは分かる。たとえば、図1は、筆者が手近にあったボールペンでコピー用紙に描いたもので、質の低い落書きとしか言いようがないが、一応は「誰」を描いたキャラ図像なのか判別できるのではないかと思う。描き手に高い技量を求めないからこそ、「キャラが強い」キャラクターは、二次創作のようなファン活動を触発する。

また、時には写実性の高いスタイルで、時には極端に省略されたスタイルで、という風にコマごとに異なるスタイルを取捨選択しながらキャラ図像を積み重ねていくことは、マンガではしばしば見られる表現である。そして、そのようなキャラ図像間のギャップが多面的なキャラクターを成り立たせる契機となることは、本書でも指摘してきた通りだ。さまざまな「画風」で描いても同一の対象を描いていると判別しやすい造形は、「キャラの強度」を支えるものであると同時に、「キャラを立てる」上でも大きな働きをするものだと言えるだろう。

図1　筆者が落書きした手塚治虫『鉄腕アトム』のタイトルキャラクター「アトム」のキャラ図像

もっとも、ここで足立が作者とそれ以外の「第三者」という描き手の区別を強調し、「自分の画風」で描くことを重視している点には注意しておきたい。さまざまなバリエーションによる「似顔絵」が成立しやすいことがキャラの強度の指標であると示すだけならば「別の画風で描くことが可能か」という問いでも良いはずだからだ。実際、ネット上を逍遥すれば、特定のマンガ家の画風を模して描かれたキャラ図像をいくらでも目にすることができる。たとえば、「水木しげる風に描かれる『鬼滅の刃』の竈門炭治郎」が成立するかどうか想像することは、キャラの強度を測る思考実験として十分だろう[2]。

とはいえ、筆者は足立が「自分の画風」を重視していることを、勇み足だと言いたいわけではない。むしろ足立の指摘は、キャラ図像を描く行為が描き手にとって持つ意味を示唆するものであるように思われる。キャラ図像を自らの手で描くことは、キャラクターへの愛着を強め、それを表現するひとつの手段であるからだ。言うなれば、描くことによって私たちはキャラクターを自身の手の内に収めようとするのであり、そのためには模写ではなく、「自分の画風」で描くことが大切になってくるのは自然なことだろう。

　描くという行為の他にも、キャラクターを自らのものとし、その生に積極的に関わろうとする営みは、キャラクターの享受においてしばしば見受けられる。たとえば、本書の序論において触れた「推す」あるいは「推し」ということばからも、そうした姿勢は看取できるだろう。「推す」「推し」ということばは、推薦する、誰かに「オススメ」する行為に由来すると思われるが、この概念について分析した筒井晴香「「推す」という隘路とその倫理――愛について」では「推す」を「特定のアイドルを応援するという意味」、「推し」を「応援の対象となるアイドルを指す」だと説明している。[3] このような意味で「推す」時、キャラクターはステージ上、画面上、紙面上といった向こう側から、私たちのいる側にやってくるものではなく、推す私たちによって、こちら側からステージ上へ、画面上へ、紙面上へと送り出される。別の言い方をすれば、「推し」にキャラクターとしての活力を吹き込むのは、受け手の側なのである。とはいえ、こうしたキャラクターへの愛着のあり方に、あるいは、キャラクターへの愛着のあり方をこのように説明することに、危うさを感じる者もいるかもしれない。それは、キャラクターに対して、キャラクターとしてのアイドルやラッパーやキャスト[4]に対して、自らのものであるかのように思い入れ、彼らが生きるべき（だと私たちにとって思われる）物語へと送り込んでしまうこと、私たちが抱くイメージのように生きさせようとすることの危うさである。ここでは具体的にとりあげることはしないが、生身の人間をキャラクターとして「消費」しようとする態度がもたらす不幸について、いくつかの事例を思い浮かべることは可能だろう。

一方で、私たちがキャラクターへ抱く愛着を、たとえば所有欲のようなものとして理解してしまうのも単純にすぎるだろう。筒井は、アイドルファンにとっての「推す」という概念を「愛」の一つの形として捉えることが可能かどうか、さまざまな視点から検討する先の論考において、「「推す」ことについての考察が、われわれの愛や親密な関係のありようについて興味深い仕方で光を当ててくれる」ことを示唆している。(5)「推す」行為について考えることが、そうした契機を私たちに与えてくれるのだとすれば、むしろ「推す」行為に、つまり誰かをキャラクターとして享受する営みに向き合うことこそが、キャラクターを消費してしまう危うさを乗り越える上で必要なのではないだろうか。

もちろん、このように主張するならば、キャラクターの享受について、より踏み込んで論じなければならない。そのためにここで取り上げてみたいのは、キャラクターをめぐる解釈の問題である。

『ヒプノシスマイク』と「公式と（の）解釈違い」について

キャラクターをめぐる解釈の問題について考えてゆくにあたって、ある「炎上」の話題から始めてみたい。

二〇一七年に始動した「音楽原作キャラクターラッププロジェクト」である『ヒプノシスマイク』（以下『ヒプマイ』）は、この文章が書かれている二〇二〇年現在、押しも押されぬ人気コンテンツのひとつである。『フリースタイルダンジョン』により認知度が向上しつつあったものの、企画が始まった時点ではいわゆるオタク層にはまだまだなじみの薄かったラップ、ヒップホップをモチーフにした、しかも「音楽原作」として音源リリースを中心としたコンテンツが、ゲームやアニメといったメディア展開もされないうちに瞬く間に多くのファンを獲得した。そのことは、筆者にとっては、一方では驚きであり、一方ではいかにも得心のいくことだった。というのも、前章でも論じたように、そもそもラッパーはキャラクターとして享受される存在であるからだ。ラッパーによる自己紹介としての性質を持ち、それ自体がキャラクターを楽しむための「原作」でもあるラップソング[6]が、そもそもキャラクターソング向きなのである。また、『ヒプマイ』では、物語世界内で展開される、ディビジョンと呼ばれるチーム間のラップバトルと、現実でのメディア展開とを結びつける形でBattle CDと呼ばれる音源もリリースされている。物語世界内でのディビジョン同士の対決は、現実での音源の購入者による投票によって決定されることとなった。この企画にはヒップホップにおけるMCバトルだけでなくAKBグループにおける総選挙などの現代のアイドル文化も参照されていると思しい。いずれにしろ、こうした展開は、「推す」行為によって、ファンがキャラクターの生に直接に関わることができるような仕掛けとなっており、今日的なキャラクターの享受のあり方を体現している。

『ヒプマイ』のメディア展開は、ファンに、物語、そしてキャラクターの生へ貢献する感覚を与えるものだと言える。そして、そのことはファンのプロジェクトに対する発言力を高めるものでもあるだろう。実際にその発言がどの程度の影響を持ち得るかはともかく、「公式」の打ち出す方針や姿勢に対して、ファンとしてなにかと物申したくなる。ファン参加型のメディア展開は、そうした感覚を刺激する。実際、キャラクターに抱く強い愛着とは裏腹のプロジェクトに対する厳しい批判は、『ヒプマイ』にとってはつきものとなっているようだ。たとえば、そうした批判のひとつにその世界観に見られるミソジニーを指摘する声がある。

『ヒプマイ』は、クーデターによって女性が覇権を握り、政治の中枢である「中王区」と呼ばれる地域から男性が排除されているという極端に女性上位な世界となった架空の日本が舞台となっている。ラップバトルを繰り広げる男性キャラクターはそうした状況下にあって、しばしば女性キャラクターへの反発や敵愾心を抱き、時には乱暴な言動によってそれを表明する。支配階層にある女性達が男同士を争わせ、それをエンターテインメントとして楽しんでいるという構図は、女性ファンをターゲットとした男性声優を起用するプロジェクトである『ヒプマイ』への皮肉に満ちた自己言及のようにも思える。こうした『ヒプマイ』の世界観は、しばしば主要な参照元であるヒップホップに見られる男性中心主義や

ミソジニーと関連付けられ、男性キャラクターによる乱暴な言動を正当化するものとして、たびたび批判にさらされている。(7)

こうしたある種の「火種」をくすぶらせていた『ヒプマイ』が、二〇一八年一二月にこうむった炎上が、コミカライズの開始に伴う「解釈違い」騒動である。講談社『マガジンエッジ』二〇一九年一月号で、主要ディビジョンの結成以前の因縁を描いた『ヒプノシスマイク -Before The Battle- The Dirty Dawg』の連載が始まると、その内容がファンを大いに戸惑わせることになったのである。もっとも、コミカライズの内容についてファンから寄せられたさまざまな声について、そのいちいちを検討することにここでの関心があるわけではない。気になるのは、この炎上において「解釈違い」がひとつのキーワードとなったことである。たとえば『ねとらぼ Girlside』の二〇一八年一二月二六日付の記事「ヒプマイコミカライズ「解釈違い」騒動、クラスタが動揺した〝5つのびっくりポイント〟(8)」では、タイトルにこのことばが含まれているだけでなく、「一時は「解釈違い」が Twitter トレンドに入り続けるほど」であったことを伝えている。また一連の騒動において話題をあつめたブログ「腐ハウスブログ」のエントリも「解釈違いなんてヌルいこといってんじゃねぇまじ分かんなきゃ地獄を見るコース」と題するものであった。(9) これらの記事名に直接現れてはいないが、「公式と解釈違い」「公式の解釈違い」といったことばも、この話題をめぐって散見された。

それにしても、この「公式の解釈違い」とは、はたしてどんな事態なのだろうか。もちろん、ある作品に対してファン同士で解釈が異なるということはありえる。しかし、この場合、コミカライズは「公式」に企画されたものである。であれば、それはファンや読者にとって解釈の俎上に載せられる素材と言うべきなのではないだろうか。そうである以上「公式と（の）解釈違い」などということは、そもそも成り立たないのではないだろうか。

しかし、あらかじめ言ってしまうならば、筆者の考えは「公式と（の）解釈違い」は成り立つというものである。というのも、キャラクターを享受するファンの解釈が公式と衝突する場合、そこで解釈の対象となっているのは、おそらく作品ではないからだ。つまり、この場合、『ヒプマイ』のコミカライズに対する解釈の違い」が問題となっているわけではないのだ。

では、一体何が問題になっているのか。もちろん、それは「キャラクターをめぐる解釈」である。より丁寧に言えば「公式がコミカライズという形で示した『ヒプマイ』のキャラクターに関する解釈」が「公式と（の）解釈違い」においては問題とされているのである。

私たちは何を「解釈違い」しているのか

マンガ家としてだけでなくコラムニストとしても活躍するカレー沢薫は、二〇一八年から二〇一九年にかけてウェブマガジン「キノノキ」で連載した「カレー沢薫のワクワク相談室」の一回で、「公式と解釈違い」に悩む読者からの相談に答えている。[10]

カレー沢は、『ドラゴンボール』において孫悟空がおよそそのキャラクターにそぐわないような言動するという「もしも」の事例を挙げて、「公式と解釈違い」について説明し、いかに読者にとって強い違和感を与えるものであっても、「鳥山明が悟空にそう言わせたなら、それが「公式」であり、それに「違う！」と言うのは「自分の妄想を正しいと思っている厄介なオタク」ということになってしまいがち」だと述べている。もちろん、ここで見逃してならないのは、カレー沢が「なる」ではなく「なってしまいがち」だとしている点だ。(11) こうしたクレームは、一般的には「厄介なオタク」による難癖、身勝手な解釈の押し付けと見なされがちである。しかし、ここでカレー沢はこれらのクレームに一定の権利を見出しているのだ。

カレー沢によれば、「オタクが持っているキャラ像も、勝手な妄想というわけではなく、むしろそのキャラの一挙一動をつぶさに観察した上の「印象」」であり、仮にそれが意図せざるものであったとしても、「そのキャラにそういう印象を持たせる何かがあったのは確か」なのであって、「オタクが公式での推しの言動に違和感を覚える、というのは、何ら不思議なこと」ではない。

カレー沢の回答のなかでもうひとつ目を引くのは、たとえ公式が提示したものであっても無批判に受け入れずとも良いと主張している点である。オタクの中には愛ゆえに「作者がそう描いてるんだから」「推しのすることだから」と「出されるものを全て受け入れようとしてしまう人」が存在するとカレー沢は指摘する。カレー沢はこうした「推しに甘い傾向」に注意を促し、「意にそぐわないものをムリヤリ受け入れるというのは推しへの愛ではなく、ただの「推しに気を遣っている」だけ」とまで言い切っている。

「推しに甘い傾向」があるといったオタクに対する観察に同意するかはここではひとまずおいておこう。それよりもここで確認しておきたいのは、カレー沢や相談者が「解釈」の対象としているのが、あくまでもキャラクターであるという点である。

カレー沢とその相談者は一部の例に過ぎないが、「解釈違い」が議論の俎上にあげられる時、公式のコンテンツもまた「キャラクターに対するひとつの解釈」と見なされる場合があるのは確かだろう。

キャラクターこそが解釈の対象であり、個々の作品はそうした解釈の結果として生み出されているものである。キャラクターの享受を基準にして考えた場合、ひとまずそのように捉えることができる。しかし、公式にリリースされたコンテンツがキャラクターの解釈を間違えるということはあるのだろうか。公式の作中に登場する存在こそがキャラクターそのものであり、そうである以上、我々にとってそれはやはり解釈の対象なのではないか。次に検討しておきたいのはこうした見解である。

筆者の答えは、「公式によって提示されるコンテンツに登場するキャラクターも、キャラクターの解釈の一例として扱い得る」というものだ。こうしたことは、少なくともマンガやアニメのようにキャラクターが視覚的な表象を伴って表現されるジャンルではありえる。より具体的に言うならば、公式にリリースされたものであっても、そこに描かれるキャラクターの姿は十分に正確なものとは限らず、誇張があったり欠落があったり、美化されていたりする可能性があるのだ。

高田敦史は「図像的フィクショナルキャラクターの問題」[12]において、「公式の図像は、常にキャラクターの形象的性質をあますところなく、正確に表現しているだろうか」という問いに対して、「公式の図像の一部はキャラクターの形象的性質についてわずかにしか情報を与えない」とする「非正確説」を擁護する議論を展開している。真面目に考えると眼球が頭蓋におさまるとは到底思えない巨大な瞳をしているような、極端に誇張された造形のキャラ図像は、マンガにおいて特別珍しいものではないし、たとえば大きくひらいた口の中に歯が描かれていなかったり、顔の中央に鼻が描かれていなかったりといった表現も容易に見つけることができるだろう。こういったありふれた表現を目にしたマンガ読者が、「これだけ瞳が大きいということは地球人類ではありえないのではないか」とか、「歯がまったく生えていないし、入れ歯やインプラントなどもしていないようだ」と思ったりするとは考えにくい。私たちは、こうした表現を誇張や省略として受け止めており、物語世界内において実際にそのような描かれた通りの姿をしていると考える必要を感じない。つまり、私たちが直接に目にするキャラ図像は、物語世界におけるキャラクターの姿を忠実に描写しているとは限らない。むしろ大抵の場合は、忠実とも正確とも考えにくく、視覚的な修辞の必要に応じて誇張され、省略され、歪められているものなのである。その意味でキャラクターの視覚的イメージ、キャラ図像は、たとえ公式のものであっても、物語世界におけるキャラクターのありようを私たちに伝えるにあたっての解釈の一例にすぎない[13]。

このように、高田の議論を踏まえれば、キャラクターの表象は物語世界におけるキャラクターについての解釈の一例として捉えることができる。では、いわゆる「公式と解釈違い」において主張されているのは、「公式の表象が物語世界におけるキャラクターのありようを正しく解釈できていない」ということなのだろうか。この点については、もう少し立ち止まって考えてみる必要がある。

たとえば、『ヒプマイ』の場合について見られたクレーム、あるいはカレー沢のエッセイにおける主張を、「公式の表象が物語世界におけるキャラクターのありようを正しく解釈できていない」という主張として捉えるべきだろうか。筆者には、そのように思われない。そもそも、先に述べたように、私たちは、キャラ図像が「キャラクターの形象的性質についてわずかにしか情報を与えない」ことについて、とても寛容であり、基本的に「これはそういうものである」という風に受け入れている。高田は、こうした点について「暗黙的非コミット」という概念を用いて説明している。「単純化された絵で鼻を省略する場合、図像は鼻の形については触れない」のであり、そのキャラクターの顔には鼻がないという描写がされているのではない。キャラ図像は、物語世界におけるキャラクターの外見の実際について、多くのことをいちいち語らずに済ませている。したがって、物語世界におけるキャラクターの外見の実際については、大抵の場合、不確定の部分が多く残されるのだ。

高田の議論はきわめて明快である。しかし、そこから引き出される「私たちはキャラクターの姿について正確には知りえない」という見解は、実感にそぐわない部分があることも確かだ。というのも、私たちはキャラ図像を多くの場合、「キャラクターの姿」そのものとして捉えているように思われるからだ。解剖学的にありえない大きな瞳でキャラ図像を見た時に、私たちは「このキャラクターは目が大きい」という判断をするし、鼻が描かれていないキャラ図像を見て「描かれていないけど、実際はどんな鼻をしているのかな」と考えたりするのはよほど特殊な状況であって、ふつうは「そういう顔をしたキャラクター」として受け入れる。要するに私たちはいちいち「物語世界におけるキャラクターの外見の実際」を想定し、それを目の前にあるキャラ図像が正しく解釈できているか、といったことを考えたりはしないのだ。誇張や省略を含むキャラ図像を「キャラクターの外見そのもの」として受け入れることから、私たちのキャラクターに関する解釈は始まるのである。本書ではたびたび強調してきたように、キャラ図像は、どこかにいるキャラクターを描き写したものではない。むしろ、その図像を触媒として、キャラクターは事後的に生み出されるものなのだ。したがって、キャラクターをめぐる解釈違いとは「物語世界のキャラクターのありようをキャラクターの表象が間違って伝えている」というよりも、「物語世界におけるキャラクターのありようが、既に示されたキャラクターの表象を間違って解釈している」ものだと考えたほうがよいと思われる。

　キャラクターをめぐる解釈違いを右のように捉えた場合、そこで解釈の対象とされる「キャラクターの表象」は物語世界におけるキャラクターとは区別されるものだと考える必要がある。本書においても、物語世界におけるキャラクターとそれを表現するための単位としてのキャラ図像を区別しているが、ここで参考としておきたいのは、高木を踏まえた上で展開される松永伸司の議論だ。[14]「画像的なフィクションの複層性のうちの、とくにキャラクタの複層性」に着目する松永が提示しているのが、「Pキャラクタ」「Dキャラクタ」の区別である。「D（ダイエジェティック）キャラクタ」とは物語世界内の存在としてのキャラクターのことであり、それと区別されるのが、「演じ手としてのキャラクタ」である

「P（パフォーミング）キャラクタ」だ。松永は、PキャラクタとDキャラクタの関係を「俳優と物語世界内のキャラクタの関係」になぞらえて、次のように述べている。

われわれは、俳優を通して物語世界内のキャラクタのあり方をいくらか把握する。しかし俳優の属性のすべてがそのキャラクタの属性になるとは限らない。それゆえ、われわれは物語世界内キャラクタの属性を十分に知らないことになる。一方、われわれは俳優の属性（少なくとも外見的な属性）についてはそれなりによく知っている。演劇であれ実写映画であれ、俳優の姿をほとんどそのまま提示する。俳優はキャラクタとは独立に個別化できるし、キャラクタも俳優とは独立に個別化できる。そしてわれわれは、俳優についての言明とキャラクタについての言明を区別できる。[15]

Pキャラクタとは、物語世界内の対象であるDキャラクタを表すためのエージェントとなる視覚的な表象を伴った対象である。そして、PキャラクタとDキャラクタは、俳優とその演じるキャラクター（Dキャラクタ）が区別できるように、それぞれに別のものとして扱うことができる。私たちはキャラ図像を見て、それをキャラクターの姿そのものであると考える。その時のキャラクターとは、この「Pキャラクタ」であると考えてよいだろう。[16]

物語世界内のキャラクターとその演じ手としてのキャラクターの区別を踏まえれば、私たちが「解釈違い」において主張していることについて、次のように言うことができる。

「公式の提供するコンテンツは、推し（Pキャラクタ）に見当外れのキャラクター（Dキャラクタ）を演じさせている」

もちろん、実際のところ、公式の選択が見当外れであるかどうかは人によって判断が分かれる事柄だ。ただし、私たちは、Pキャラクタを鑑賞した時点で、すでに「こいつはこんな奴に違いない」という解釈を始めているし、愛着も抱いている。Pキャラクタがｄキャラクタと独立に扱える以上、そこには起用法に対する評価が生じうる。『ヒプマイ』の場合、コミカライズに先立って与えられていたのはPキャラクタのビジュアルだけではなく、楽曲およびドラマトラックといったコンテンツにも私たちは親しんでいるわけだが、それだけに彼らにどんな物語を与えるかに関する見解の違いは、ファンとの衝突を招くことになる。

演じ手としてのキャラクターと2・5次元

「公式と解釈違い」について整理する中で、私たちはPキャラクタとDキャラクタという区別を獲得した。この松永による区別は、キャラクターの享受について考える上で、いくつかの示唆を与えてくれる。

まず言えることは、キャラクターの享受とは、コンテンツを楽しむ上でPキャラクタに焦点を当てるようなあり方ではないかということだ。

たとえば、2・5次元について考えてみよう。松永はPキャラクタとDキャラクタの関係について、「俳優と物語世界内のキャラクタの関係」と類比しているが、いわゆる「2・5次元」の舞台について考えた時にこうした類比は成り立つだろうか。もちろん、こうした舞台においても俳優の身体がPキャラクタとして機能し、オーディエンスはその身体を見ることを通じてDキャラクタを想像すると解釈できる。しかし、こうした説明では、2・5次元をその他の舞台と区別することはできないだろう。そこで、このように考えてみてはどうだろうか。2・5次元においては、「俳優の身体がPキャラクタとして機能している」というよりも「俳優の身体がPキャラクタを演じている」のである。(17)

まず確認しておきたいのは、マンガやアニメ、ゲームといったコンテンツを原作としたミュージカルやストレートプレイであればどんなものであれ2・5次元として扱われるとは限らないということだ。たとえば、筆者が足を運んだものに限って考えてみても、手塚治虫『鉄腕アトム』シリーズ屈指の人気エピソードである「地上最大のロボット」を翻案した浦沢直樹『PLUTO』をシディ・ラルビ・シェルカウイが演出し、森山未來がアトムを演じた『プルートゥ PLUTO』や、同じく森山未來主演で荒木飛呂彦の短編を舞台化した『死刑執行中脱獄進行中』などは、2・5次元に属するものと見なされることは少ないはずだ。おそらくその理由の一端は、これらの舞台では、演者の外見を原作で描かれたキャラクターの外見に似せることがさほど重視されていないところにある。一方で、2・5次元の人気を確立させた『テニミュ』では、原作およびアニメで示されたキャラクターのビジュアルを忠実に再現することが志向されている。それは2ndシーズンまでパンフレットの表紙に掲載されているのがアニメ絵のキャラ図像や、そのシルエットであったことにも明らかだ。さらにパンフレットの中身をめくってみても、キャスト紹介のページではキャスト写真とアニメ絵のキャラ図像が並べられている。なによりもまず、すでに親しまれた「あの見た目」をしているか否かが、ここでは重視されているのだ。テニミュをはじめ2・5次元とみなされるコンテンツにおいては、演者は直接にDキャラクタを演じようとするのではなく、すでにファンに親しまれたPキャラクタを演じることを介して、Dキャラクタを表現しようとするのである。

このように考えた時、2・5次元という呼び名によって私たちが何を捉えようとしているのかも明らかになり始めるだろう。物語世界内の存在としてのキャラクター（Dキャラクタ）の居場所であるあちら側と私たちのいるこちら側のあいだ。そこが演じ手としてのキャラクターが立つ場所である。私たちの愛着および解釈の対象はそこにいるキャラクターだ。そのような場所を指差そうとするとき、2次元と3次元の中間を意味することばが選ばれるのは、当たり前のことであるとすら言えるだろう。

キャラクターから「リアル」を奪わないために

私たちが解釈や愛着の対象としているキャラクターとはどのようなものであるのか。一見して些末に感じられる「公式と（の）解釈違い」という事柄を通して、ある程度まで明らかにできたのではないかと思う。キャラクターは、2次元と3次元のあいだに立っている。ここで言うキャラクターとはもちろん、物語世界の存在としてのキャラクターではなく、演じ手としてのキャラクター、Pキャラクタである。

この概念について、本書の語彙に引き寄せて説明しようとする時に注意しなくてはならないのは、Pキャラクタをキャラ図像とは同一視してはならないということである。キャラ図像は基本的には（物語世界の存在としての）キャラクターを表現するために用いられる個々の図像を指す。そのため、たとえば、全く違うタイプのキャラ図像を組み合わせて一人のキャラクターを描き出すことが可能である。たとえば、変身や変装を繰り返すことが、キャラクターの多面性を表すためのひとつの手立てたりうる。一方で、松永はPキャラクタについて、それは「明確に個別化され、ふつう固有の名前を与えられ、個々の画像の内容を越える形で存在する（とわれわれが解釈する）実体」であるとしている。[18]固有の名前で呼ばれ、個々のキャラ図像を越える形で存在し、しかし物語世界内のキャラクターとは区別される対象、これは伊藤剛のいうところの「キャラ」にほぼ重なると言ってよいだろう。あらためて「キャラ」と「キャラクター」という区別を呼び戻すかはともかくとして、物語世界の存在としてのキャラクターとは区別される、しかしその存在を立ち上げる上で欠かせないものとしてのキャラクターを想定することができる。そして、実のところ、キャラクターの享受において問題となっているのはそうした存在なのだ。本書で用いてきた、キャラ図像、キャラ人格は、そうしたキャラクターを成立させる条件として捉えられるだろう。

先にも述べたようにこうしたキャラクターが立っているのは、2次元と3次元のあいだである。「解釈違い」をめぐる衝突が起こるのも、彼らがそのような場所に立っているからこそなのだろう。カレー沢は、「作者がそう描いてるんだから」「推しのすることだから」といった形で、公式が提示したキャラクター（つまり、キャラに対する解釈としての物語世界のキャラクター）を無批判に受け入れるような姿勢に批判的だった。ここまでの議論を踏まえれば、こうした見解はある程度まで納得できる。すでに検討したように、物語内の登場人物としてのキャラクターは、演じ手としてのキャラクターに対する解釈のひとつと捉えることができる。受け手にとって愛着の対象が演じ手としてのキャラクターであるのであれば、その演じた役柄のひとつを否定したとしても、それはそのキャラクターに対する愛着と矛盾するものではない。とはいえ、余りにもハズレ役が続けばキャラクター自体に幻滅してしまうことはありうるかもしれない。いずれにせよ、一方では公式に対する不満を抱きつつ、他方では「推し」続けるような態度は、愛着の対象がどこにいるのかを考えればとくに疑問に思う必要はないだろう。

もっとも、当たり前だが、そうした解釈違い自体がキャラクターの印象を傷つけることはしばしば起こってしまう。これは、キャラクターとしてのラッパーの例を思い起こしてみれば明らかだろう。彼らの実生活という「公式」と、ファンが抱いているイメージとの間で解釈違いが生じれば、その時にはキャラクターとしてのラッパーに対して「リアルではない」という評価が下される。『ヒプマイ』における「公式と解釈違い」が過熱気味の反応を引き起こしたのも、その物語に起用されたキャラクターたちがラッパーに身をやつしていたからこそだと考えられる。彼らがこれまでにキャラ図像と楽曲を通して築いてきたイメージに対して、公式が提供する物語が「リアル」と呼ぶに値するものかどうかが厳しく問われるのは、『ヒプマイ』のキャラクターたちがラッパーである以上、当たり前のことだろう。

一方で、既に触れたように「推し」に自らの解釈、固定されたイメージを押し付けることも危うさを抱えている。別の言い方をすれば、私たちの望む「リアル」を生きさせようとすることは、かえってキャラクターの「リアル」なありようを奪っていくのだ。「解釈違い」を招いてしまう『ヒプマイ』の構図はそうした危うさについての一種の比喩のようにも理解できる。既に説明したように『ヒプマイ』の世界では、女性たちが権力の中枢を握っている。各ディビジョンのキャラクターたちによるラップバトルは、その支配の下、女性たちの前で行われるショーとしての性格を持っている。つまり彼らがつかむマイクは、自ら手にしたものではなく、制度に強いられ握らされたものだと言える。しかし、『ヒプマイ』の楽曲においては、基本的に、彼らにマイクを握らせている構造自体へそのライムの矛先が向けられることは見られない。彼らが、オーディエンスの期待に応える形でいかにもラッパーらしい、強気なライムを口にすればする程、それは彼ら自身が放り込まれる物語世界の状況から乖離していかざるを得ない。一方的に「リアルなラッパー」という固定的なイメージを生きさせることは、かえって彼らを

「リアル」から遠ざける。『ヒプマイ』のキャラクターたちが「リアル」たりえるかどうかは、むしろ「リアルなラッパー」というイメージから自由になり、それをいかに上書きしていくかにかかっているのだ。その点は生身のラッパーでも変わらない。

物語世界で示された解釈に無批判であることも、受け手によって育まれたイメージを一方的に投影することも、キャラクターを「リアル」であることから遠ざけるとすれば、キャラクターの享受とはどのようにあるべきなのだろうか。さやわかは「愛について——符合の現代文化論」の第一回において、「私たちが記号的な事象に対して意味を対応させてしまう行為」、私たちが「何かにつけて、意味を一対一にぴったりと符合させようとする。そして、しばしばその符合に固執してしまう[19]」ことに焦点をあて、これを「愛」に関する問題であるとした上で「私たちはその愛情、記号と意味の一対一の符合に耽溺するのでなく、その符合を読み解き変形するようなリテラシーを作るべきではないか」と問題提起している[20]。「解釈違い」の問題もまたさやわかの言う「符合」の問題として捉えられるだろう。公式を無批判に受け入れることも、自分の望むように、誰かをキャラクターとして生きさせようとすることも、その意味では表裏一体である。

「符合」の問題について確認した上で、私たちは本書がここまで幾度も論じてきたキャラクター生成のあり方について思い出すべきだろう。キャラクターとはそもそも、複数の、原理的には無数のキャラ図像の集積によって描き出されるものである。つまり、キャラクターは常に新たなイメージを付け加えられることによって、新たな解釈を与えられ、更新されていくはずのものなのだ。もちろん、ここでいう「キャラクター」は、出発点においては物語世界のキャラクターを意味するものだった。しかし、演じ手としてのキャラクターもまた、無数のキャラ図像に支えられているはずである。そして、そのキャラ図像はさまざまな、原理的には無数の「画風」、無数の解釈のバリエーションで描きうるものなのだ。キャラクターを享受することの楽しみは、物語世界のキャラクターと演じ手としてのキャラクターの符合、キャラクターとキャラ図像の符合、対応関係をずらし、再解釈し、その姿を変えていく部分にこそある。キャラクターに「リアル」な生を与えるためにすることは、解釈違いに衝突した時に、自らの解釈を守ることでも、公式をただ受け入れることでもなく、新たな解釈をキャラクターのいるその場所に投入することであり、比喩的に言えば、新たな顔を描きいれていくことなのだ。

私たちは、これまでに見たことのないキャラクターの顔に出会うために、ページをめくっているのだから。(21)

註

(1) 足立加勇『日本のマンガ・アニメにおける「戦い」の表象』、現代書館、二〇一九、四五頁。

(2) Twitterを「#イタコマンガ家鬼滅まつり」というハッシュタグで検索すれば、「水木しげる風に描かれる『鬼滅の刃』の竈門炭治郎」だけでなく、その他さまざまな既存のマンガ家の画風による「鬼滅」キャラクターを目にすることが可能である。また、田中圭一の企画・編集による同タイトルの同人誌が二〇二〇年五月に発行されており、同誌ではドリヤス工場が水木しげる風の「鬼滅」二次創作を披露している。

（3）筒井晴香「「推す」という隘路とその倫理――愛について」、『ユリイカ』二〇一九年一一月臨時増刊号、青土社、一七四〜一八七頁。

（4）2・5次元の舞台などでは、俳優をこのように呼ぶことが一般的である。このことは、このジャンルにとって、配役、つまり誰がどのキャラクターを演じるかがどれほどに重要であるかを示している。

（5）前掲書、一七五頁。

（6）前章の議論の確認となるが、仮にキャラクターとしてのラッパーにとって「原作」となるコンテンツがあるとしたら、それはラッパーの実人生ではなく、ラップソングの方である。私たちは、ラップソングから読み取ったキャラクターありきでラッパーの実人生を鑑賞する。もちろん、そうして実人生を知った上で「原作」としてのラップソングに立ち戻る時には、またキャラクターをめぐるイメージは更新されることになるだろう。そのようにして解釈を上書きしていくところにこそ、キャラクターを享受する営みの要諦がある。

（7）こうした論点からの批判のうち、まとまったものとしてはサイゾーが運営するウェブメディア『Wezzy』に二〇一八年八月三日付で掲載された巣矢倫理子「『ヒプノシスマイク』の「女尊男卑」設定は、ミソジニーを表現する免罪符にならない」（https://wezz-y.com/archives/57096）がある。

（8）https://nlab.itmedia.co.jp/nl/articles/1812/25/news111.html

（9）http://fuhouse.hatenablog.com/entry/2018/12/18/203101

（10）カレー沢薫のワクワクお悩み相談室「カレー沢先生、「公式と解釈違い」のモヤモヤをどう解消すればいいでしょうか？」http://kinonoki.com/book/onayamisodan/wakuwaku27.html

（11）ここでカレー沢は「公式」ということばを用いつつ、原作マンガの作者である鳥山明を引き合いに出している。しかし、「公式」ということばは、メディアミックス的な展開が当たり前となった状況だからこそ頻繁に用いられるようになったものであり、「原作」とのニュアンスの違いは無視できない。鳥山が制作に関わっていようがいまいが、アニメやゲームもまた公式のものである。『ドラゴンボール』というコンテンツにとって、原作マンガもまた「公式」にリリースされたさまざまなプロダクトの中のひとつということになる。

(12)『Contemporary and Applied Philosophy』Vol.6、二〇一五、一六〜三六頁。

(13)コマごとにキャラ図像の誇張や省略の度合いを調整することが、それぞれのシチュエーションごとに当該のキャラクターのありようをどうに描くかという解釈と深く関わっていることは本書第三章で取り上げた『ぽちゃまに』などの例を思い出しても良いだろう。

(14)松永伸司「キャラクタは重なり合う」『フィルカル』Vol.1 No.2、株式会社ミュー、二〇一六、七六〜一一一頁。

(15)同右、八八頁。

(16)「キャラクタの公式の画像は、物語世界内のキャラクタの姿を十分に正確には描かないが、演じ手としてのキャラクタの姿は十分に描いている。それゆえ、物語世界内キャラクタには非正確説は成り立つが、演じ手としてのキャラクタには成り立たない。」同右、八七頁。

(17)松永はPキャラクタに「受容の焦点」を置くことが、「マンガやアニメに固有の特徴」であるとしている(同右、一〇七頁)。

(18)同右、九八頁。松永は高田の議論における「分離された対象」との違いを説明する中で、Pキャラクタの特徴をこのように述べている。

(19)さわやか「愛について――「符合」の現代文化論　第一回「記号」から「符合」へ『エンドゲーム』の更新はどこにあるのか」『ゲンロンβ42』Kindle版、ゲンロン、二〇一九、位置No.83-86。

(20)さやわか、二〇一九、位置No.89-90。

(21)本章はJSPS科研費JP17K18459「「二・五次元文化」における参加型文化による嗜好共同体構築に関する研究」の助成を受けた研究成果の一部である。

ブックガイド

「マンガ論の現在」のこれまでとこれから

マンガ表現論の第一人者・夏目房之介の著作に『マンガは今どうなっているのか？』（メディアセレクト、二〇〇五）がある。近年の夏目の著書のなかでも、ヒット作や人気作家の論評が多く掲載された時評的な性格の強いものだが、この書名にならえば本章のテーマは「マンガ論は今どうなっているのか？」ということになる。

ここで「マンガ論」と言っているのは、アカデミックな領域での「マンガ研究」、レビューやジャーナリスティックな論説も含む「マンガ批評」、双方をまとめた「マンガについて考え、論じたもの」のことと考えてもらいたい。

二〇〇一年の日本マンガ学会設立から二〇年ほどが経過し、「大学でマンガを研究する」こともかつてほど目新しいものではなくなった。かといって「マンガ研究」が学問領域として確固たる基盤を築いたとはまだ言えそうにないが、近年のマンガ論では、アカデミックなマンガ研究の成果が続々と出始めている。また、夏目房之介、藤本由香里など、マンガ論を牽引してきた在野の論者たちの多くも大学での研究教育に携わるようになっている。日本のマンガ論は長らく研究以上に批評に多くを負ってきたが、その状況が変化しつつあることを踏まえた上で、マンガ研究とマンガ批評の関係、またマンガ論と「マンガの現在」の関わりに注目しつつ、主要な書籍、媒体についてみてゆきたい。

構成としては、まず二〇〇〇年代のマンガ論を概観した上で、そこに至る過程として戦後のマンガ論をたどり、最後に二〇一〇年代の「マンガ論の現在」について触れる。上述の関心のもとで見取り図を提示することを目指す一方で、網羅的にすべておさえるものとはならないことについては、あらかじめ断っておく。

二〇〇〇年代のマンガ批評

伊藤剛『テヅカ・イズ・デッド――ひらかれたマンガ表現論へ』（ＮＴＴ出版）が刊行された二〇〇五年の前後は、マンガ論をめぐる状況が大きく動いた時期である。同書は大きなインパクトをもって受け入れられ、とくにそこで提示された「キャラ」をめぐる議論は、マンガにとどまらず日本の現代文化をめぐる批評で参照されることとなった。マンガやアニメ、ゲームといったいわゆる「オタク文化」が批評論壇において関心を集めたのはこの時期の特徴だ。

『網状言論Ｆ改――ポストモダン・オタク・セクシュアリティ』（青土社、二〇〇三）は、『動物化するポストモダン――オタクから見た日本社会』（講談社、二〇〇一）でオタク文化に焦点をあてた批評に先鞭をつけた東浩紀をはじめ、伊藤剛や竹熊健太郎、エロマンガ批評家の永山薫なども参加した論集だ。永山は後に『エロマンガ・スタディーズ――快楽装置としてのマンガ入門』（イースト・プレス、二〇〇六、二〇一四年に増補版として筑摩書房より文庫化）を刊行。また、一連のオタクをめぐる批評のなかでは斎藤環『戦闘美少女の精神分析』（太田出版、二〇〇〇）もマンガ論として着目すべき部分が多い。

オタク文化をめぐる批評の潮流に棹さして、マンガ論が批評ジャンル全体のなかで大きな役割を演じたこの時期は『テヅカ・イズ・デッド』のみならず、重要な著作が多数刊行されている。夏目房之介は冒頭でとりあげた『マンガは今～』の他、二〇〇四年に『マンガ学への挑戦――変化する批評地図』（NTT出版）、『マンガの深読み、大人読み』（イースト・プレス）、二〇〇六年には『マンガに人生を学んで何が悪い？』（ランダムハウス講談社）を刊行。二〇〇五年にはマンガのアーカイブ研究における第一人者として知られる秋田孝宏によるマンガとアニメ・映画の比較論『コマからフィルムへ――マンガとマンガ映画』（NTT出版）、アカデミズムの場でマンガ研究に従事し先駆的な仕事をしてきた竹内オサムが自らの理論を集大成した『マンガ表現学入門』（筑摩書房）が刊行。その他、二〇〇四年だと、市場形成の視点からのマンガ史を提示した中野晴行『マンガ産業論』（筑摩書房）、重要な大島弓子論が収められた藤本由香里『愛情評論』（文藝春秋）も見落とせない。二〇〇六年には比較文学者ヨコタ村上孝之の『マンガは「欲望」する』（筑摩書房）、またサントリー学芸賞を授賞しつつも、通俗的な手塚治虫の神話化を反復する内容で批判を浴びた竹内一郎『手塚治虫＝戦後ストーリーマンガ起源』（講談社）が刊行されたのもこの年。手塚に関する著作としては、翌二〇〇七年に刊行された手塚治虫『新宝島』の原作者・酒井七馬の評伝である中野晴行『**謎のマンガ家・酒井七馬——「宝島」の光と影**』（筑摩書房）も、このマンガ家の歴史的役割を再検討する材料を提供した。

二〇〇七年には、アメリカンコミックについて知るための基本書と言ってよい小田切博『**戦争はいかに「マンガ」を変えるか？——アメリカンコミックスの変貌**』（NTT出版）が刊行。アメリカンコミックスに限らず、国外のマンガおよびマンガ研究への関心も二〇〇〇年代後半には高まりを見せ、とくにフランスのマンガ研究の第一人者ティエリ・グルンステンの著作は二〇〇八年には『**線が顔になるとき**』（訳・古永真一、人文書院）、二〇〇九年には『**マンガのシステム**』（訳・野田謙介、青土社）が翻訳され紹介が進んでいる。また海外マンガの研究・紹介に関しては『Pen』二〇〇七年八月一五日号の「**世界のマンガ大研究**」（企画、構成・野田謙介）も見過ごせない。

マンガ表現論の枠組みの更新。手塚治虫を中心におく戦後のマンガ史記述。マンガ観の再検討、海外マンガ、および海外のマンガ研究の紹介。二〇〇〇年代中盤に提示された問題設定は、現在のマンガ論の流れに大きく影響している。立て続けに重要な著作が刊行され状況の変化がはっきりと現れたことも、マンガ論が批評の文脈で大きな関心を集めた理由だろう。なお、こうした二〇〇〇年代のマンガ研究・批評の活発な動きを準備した存在として重要なのが「漫画史研究会」である。一九九七年に発足した同会の成り立ちついては、ウェブサイト「マンガ・アニメ3．0」に掲載された宮本大人とヤマダトモコの対談「マンガ研究とマンガ批評の結節点——伝説の漫画史研究会とは何だったのか」（前編：https://

mapdate.net/post-0008/、後編：https://mapdate.net/post-0009/）が詳しい。

また、二〇〇〇年代後半にはインターネット上で営まれてきたマンガ論の成果が関心を集めることとなった。この動きを代表するのが、泉信行が同人誌として刊行した『漫画をめくる冒険―読み方から見え方まで―上巻・視点』（ピアノファイア・パブリッシング、二〇〇八）である。同書は二〇〇九年に『下巻・The Book』が発行されている他、『リーフィングスルー／オンルッカー』という副題の別冊も存在している（二〇〇八年一一月発行）。

こうしたマンガ論の盛り上がりは、青土社の批評誌『ユリイカ』二〇〇六年一月号で「マンガ批評の最前線」、二〇〇八年六月号で「マンガ批評の新展開」と、二度の「マンガ批評」に関する特集が組まれたことにも示されている。前者は『テヅカ・イズ・デッド』の刊行を受けてのもので、泉信行はこの特集でイズミノウユキ名義の論考「視線力学の基礎」を発表し商業媒体デビューしている。泉の『漫画をめぐる冒険』上巻の発行に受けて組まれたのが後者の特集である。なお、両特集のタイトルは同誌一九八二年三月号「現代マンガの最前線」特集、翌八三年二月号「現代マンガの新展開」特集が元ネタとなっているが、「現代マンガ」から「マンガ批評」への変化は注目に値する。一九八〇年代初頭においてマンガ論が「現代マンガ」との関係から求められていたのに対し、二〇〇〇年代で求められたのは「現代の批評」にとってのマンガ論なのだ。

一九七〇年代以前のマンガ論

一九七〇年代がマンガ論のひとつの転機であることは、現在のマンガ研究における一般的な見解と言って良い。この時期に現れた新しい世代の論者たちは、先行する世代のマンガ論との間になかば戦略的な断絶を作り出し、そのことは以降のマンガ論を強く規定することになった。この時期のマンガ論をめぐる状況に起きた変化については宮本大人「昭和五〇年代のマンガ批評、その仕事と場所」(『立命館大学言語文化研究』第一三巻一号、二〇〇二)、小田切博「「マンガ」という自明性――ガラパゴス島に棲む日本のマンガ言説」(ジャクリーヌ・ベルント編『国際マンガ研究1:世界のコミックスとコミックスの世界――グローバルなマンガ研究の可能性を開くために』、二〇一〇)、瓜生吉則「マンガを語ることの〈現在〉」(吉見俊哉編『メディア・スタディーズ』せりか書房、二〇〇〇)などが重要である。

一九七〇年代以前のマンガ論とそれ以降のマンガ論の違いはどこにあるのか。ひとつは「マンガ」という言葉が指す領域であり、もうひとつは想定される読者である。ここでは戦後のものに絞って扱うが、一九六〇年代までのマンガ論では、風刺をその主眼とする「大人漫画」が中心だった。戦前から漫画家、漫画評論家として活躍した須山計一はマンガ史に関する著作を数多く刊行しているが、『世界の漫画――あぶれ・にっぽん』(アソカ書房、一九五四)、『漫画100年』(鱒書房、一九五六)などを見ても、今日の我々にとって親しみ深い、いわゆる「ストーリーマンガ」はほとんど取りあげられていない。こうしたジャンルに一定の紙幅が割かれるのは、一九六八年刊の『日本漫画百年――西洋ポンチからSFまで！』（芳賀書店）に至ってのことだ。また、風刺としての大人漫画を論じる際には、海外の作品、作家も当然のこととして視野に入れられていた。

こうした大人漫画をめぐる批評は美術の文脈に捉えられる場合が多く、草森紳一『マンガ・エロチシズム考』（誠文堂新光社、一九七二）は、『美術手帖』（美術出版社）の一九六五年一～一二月号の同名連載が元となっている。草森は一九六七年一～一二月号でも海外の風刺漫画家を取りあげた「漫画家の美術批評」を同誌で連載。また同誌は一九六四年一月号でも「日本の漫画・世界の漫画」特集が組まれている。同特集に寄稿した劇作家・飯沢匡は時代はくだるが一九七八年に『現代漫画家列伝――漫画100年史』（創樹社）があり、ここでも中心となるのは大人漫画の作家である。

いちはやく劇画に着目し、権藤晋、梶井純らと研究誌『漫画主義』（一九六七年創刊、一九七八年の石子順造追悼号の翌号まで全一四号が発行）を立ち上げた石子順造も美術批評家であり、その著作『マンガ芸術論――現代日本人のセンスとユーモアの功罪』（富士書院、一九六七）『現代マンガの思想』（太平出版社、一九七〇）でも海外のものまで含めた風刺漫画、大人漫画は視界に入っている。

「漫画主義」同人の仕事について補足しておこう。当時の彼らの仕事をまとめた論集としては『劇画の思想』（太平出版社、一九七三）がある。また、石子に関しては『マンガ／キッチュ――石子順造サブカルチャー論集成』（小学館クリエイティブ、二〇一一）がそのマンガ論を読む上では手に取りやすい。展覧会図録『石子順造的世界――美術発・マンガ経由・キッチュ行』（美術出版社、二〇一一）も必携の資料だ。権藤晋・梶井純らはより若い世代の論者たちと一九九九年に貸本マンガ史研究会を一九九九年に結成。

二〇〇〇年に創刊された会誌『貸本マンガ史研究』は不定期刊ながら現在も発行。その成果は同研究会編『貸本マンガRETURNS』（ポプラ社、二〇〇六）でも読むことができる。梶井の仕事としては戦時下のマンガについてあつかった『執れ、膺懲の剣とペン――戦時下マンガ史ノート』（ワイズ出版、一九九九）も見過ごせない。

その他、一九六〇年代のマンガ論における重要人物としては大衆文学の評論家、尾崎秀樹の名も挙げられる。一九七〇年代以降のマンガ論の担い手の多くを生み出したマンガ誌『COM』で「まんが月評」を連載していた尾崎も、そのマンガ観の中核に風刺を考えていたことは、『現代漫画の原点――笑い言語へのアタック』（講談社、一九七二）にうかがえる。

一九六〇年代までのマンガ論にとっては無視できない大きなジャンルとして大人漫画があり、劇画やストーリーマンガを取りあげる場合も、これとの対比が念頭におかれていた。つまり、当時のストーリーマンガは「こども向けの読み物」と見なされていたのだ。したがって、手塚治虫をはじめとした今日ではストーリーマンガと見なされる「こどもマンガ」について論じるものの多くは、それらの読者ではなく、マンガを読まない大人に向けて書かれている。実際、一九五〇〜六〇年代の「こどもマンガ」に関する議論は、戦前、戦時下の流れを受け継ぐ形で児童教育の分野で盛んになされている。そのなかには菅忠道『日本の児童文学』（大月書店、一九五六）など児童文学論のなかでマンガについて多くの紙幅を割くものだけでなく、滑川道夫編『子どもとマンガ』（牧書店、一九六二）のようにマンガを主題としたものもある。『子ども漫画論――『のらくろ』から『忍者武芸帳』まで』（三一書房、一九六七）の著者、藤川治水もまた教育者だ。

媒体としては日本読書学会発行の『読書科学』では一九六一年七月号で「マンガ研究」特集が組まれ、「漫画に関する文献目録」が収められているし、『児童心理』でもマンガ関連の記事は多く、一九六四年三月号で「漫画と子ども」特集が組まれている。またこうした教育論における批判に対応したものである日本児童雑誌編集者会の機関誌『鋭角』(一九五五年創刊)なども、悪書追放運動などについて知る上では重要だ。同誌は二〇一九年に金沢文圃閣から復刻されている。また一九六〇年代中頃から『文化評論』など日本共産党系の媒体を中心にマンガに関する文章を多く書いている石子順(紛らわしいが石子順造とは別人)も、基本的には児童文化の枠組みでマンガを捉えており、時代はくだるが一九七六年には『子どものマンガをどうする——パパ、ママ、先生まじめに考えて』(啓隆閣新社)を刊行している。

その他、思想の科学研究会による『思想の科学』もマンガ論をしばしば掲載しており、一九六三年七月号の特集「子どもと私」では手塚治虫も参加した対談記事「紙芝居からマンガ映画へ」が収録されている。時代はくだるが『思想の科学』では一九七八年九月号の「生きのこった青年文化:漫画」特集も村上知彦「青年まんがとしての少女まんが」を収録した重要な号である。

思想の科学の中心人物、鶴見俊輔は『世界評論』一九四九年四月号に一九四七年にアメリカで刊行されたコールトン・ウォー『TheComics』を紹介する「ウォー著「アメリカ漫画の歴史」」を発表して以来、マンガに関する文章を数多く発表しており、二〇一八年にはちくま学芸文庫から『鶴見俊輔全漫画論』が二巻本で刊行されている。単著としては『漫画の戦後思想』(文藝春秋、一九七三)がある他、『限界芸術論』（勁草書房、一九六七）『戦後日本の大衆文化史：１９４５〜１９８０年』（岩波書店、一九八四）もマンガについて考える上での重要著作だろう。

一九七〇年代以降のマンガ論

海外の作家作品を含む大人漫画を前提に、ストーリーマンガについて論じる場合も基本的には「こども の読み物」として、それを読まない大人に向けて書かれることが多かった一九六〇年代までのマンガ論に対して、一九七〇年代に活躍を始める新たなマンガ論の担い手たちは、大人漫画を排除し、マンガをほとんどストーリーマンガと同一視した。その上で、自らと同世代のマンガ読者に向けたマンガ論を発表し、そのための媒体も積極的に立ち上げたのだ。

その背景には、一九六〇年代後半に読者層の世代的広がりとともにストーリーマンガが児童文化にとどまらず先端的な若者文化として受容されるようになったことがある。青年文化としてのマンガの成立に大きな役割を果たした青林堂『ガロ』（一九六四年創刊）、虫プロ商事『ＣＯＭ』（一九六七年創刊）といったマンガ誌は、マンガ論の媒体としての役割も担っており、これらの雑誌に触れた若者たちが一九七〇年代のマンガ論を牽引してゆく。

一九七〇年代以降のマンガ論を代表する論者のひとりとして、新評社から『戦後少女マンガ史』（一九八〇)、『戦後SFマンガ史』(一九八〇)、『戦後ギャグマンガ史』(一九八一)の「戦後マンガ史三部作」を刊行した米澤嘉博がいる。この米澤に加え、亜庭じゅん、霜月たかなかが参加したサークルが「迷宮」だ。迷宮発行の『漫画新批評体系』(一九七五年創刊、八一年発までに三期一五号を発行)はさまざまな論者が寄稿し、当時のマンガ論を考える上で重要な媒体で、米澤『戦後少女マンガ史』も同誌での連載が原型となっている。この迷宮が、コミックマーケット創設に大きく関わったグループであることも、この時期のマンガ論が運動としての側面をもっていたこと良く示している。コミケ創設の経緯は霜月の回想記『コミックマーケット創世記』(朝日新聞出版、二〇〇八)に詳しい。マンガ論を書くことも、コミケのような交流の場を作ることも、マンガファンの共同体を作る営みという点で共通している。

描き手も含めたマンガファンの共同体によるコミュニケーションを促すものであったこの時期のマンガ論が持つ、それ以前の世代との違いは、すでに述べたように「マンガ」の対象領域をストーリーマンガにしぼり、自分たちを代表とするマンガ読者に向けた批評を書いたという点だけでなく、積極的に「マンガの現在」に関わり流行を生み出していった点がある。

一九七四年に清彗社から創刊された『漫画界』は、七五年に『漫波』、七六年『まんばコミック』、七七年には『だっくす』、七九年には『ぱふ』へと改題し、次第にマンガ批評誌としての性格を強めていった。『だっくす』時代の特集を見てみると、全国誌化した一九七八年六・七月号が「大島弓子」、七・八月号が「倉田江美」、九・一〇月号が「山岸涼子」、一一月号が「樹村みのり」、一二月号が「今飛び立つ少女マンガの世界」となっている。いわゆる「花の二四年組」を中心とした少女マンガを前面に出されていることは明らかだ。この時期の少女マンガの人気を示すものとしては『ユリイカ』一九八一年七月臨時増刊号の「総特集：少女マンガ」がある。また、橋本治『花咲く乙女たちのキンピラゴボウ』（北宋社、前篇：一九七九、後篇：一九八一）もこの時期の少女マンガ論として当然忘れてはならないものだ。橋本のマンガ論としては『熱血シュークリーム・上』（北宋社、一九八二）もある。少女マンガ論である『花咲く～』と対をなす少年マンガ論である同書に目次まで掲載されていた下巻はついに刊行されることはなかった。なお、二〇一九年には、北宋社版を底本としその他の橋本の少年マンガについての文章も追加した『熱血シュークリーム　橋本治少年マンガ読本』が毎日新聞出版から刊行されている。ただし、こちらには北宋社版第四章の萩尾望都論「閉ざされて」は収録されていない。マンガ論の担い手が「マンガの今」を追いかけ、生み出してゆくような働きは、批評誌に限った話ではなく、この世代のマンガ論のマニフェストとも言える「まんが評論に何が可能か？」を収めた『黄昏通信――同時代まんがのために』（ブロンズ新社、一九七九）で高く評価される村上知彦は、ニューウェーブを代表するマンガ誌『漫金超』（一九八〇年創刊）に編集者として関わっている。ちなみにニューウェーブマンガを牽引した論者としては亜庭じゅんがいるが、その活動をまとめたものとしては『迷宮』の第一六号として没後発行されたに遺稿集『亜庭じゅん大全』（迷宮、二〇一一）も重要だ。

また当時のマンガにおけるアンダーグラウンドな動きのひとつに「三流劇画」があるが、その代表格である『劇画アリス』（一九七七年創刊）の編集長・亀和田武も批評家として活躍しており、『別冊新評三流劇画の世界』（新評社、一九七九）には「新たなる劇画の地平」を寄せている。さらに『中央公論』一九七八年一一月号の「劇画を認知すべきか」特集において、「おとなはマンガを読まないで」という挑発的な評論を発表し、先行世代との対立図式を明確にした中島梓もまた、今日のBLに通じる男性同性愛ジャンルを牽引した『JUNE』（一九七八年創刊）に、竹宮惠子とともに主導的な立場で関わり、小説家・栗本薫名義でも多くの作品を発表した。マンガに関連する中島の著作としては『マンガ青春記』（集英社、一九八六）などがある。『奇想天外』一九七八〜七九年にかけて連載された「手塚治虫論」は、没後刊行された『栗本薫・中島梓傑作電子全集』全三〇巻（小学館）にも収録されていないが重要なものとして挙げておきたい。

その他、マンガ原作、編集と批評を股にかけた活躍で知られる論者としては大塚英志がいるが、『漫画ブリッコ』（白夜書房）は彼が編集に関わるようになった一九八三年から方針を転換し、ロリコンマンガの潮流を牽引してゆくことになる。

一九七〇年代のマンガ論は、「ストーリーマンガ＝マンガ」というマンガ観を自明視し、マンガファンの共同体とのコミュニケーションを促進することで、批評のみならず媒体の編集を通じて「マンガの現在」に積極的に関与していった。マンガ批評とマンガ実作が相互に影響し合い、両者が書かれ、描かれる場所が共有されるような状況は、二〇〇〇年代のマンガ論には見られないものだ。それは、マンガ論の自立とも言えるわけだが、そうした変化はどのようなプロセスをたどって起こったのか。一九八〇年代後半から一九九〇年代のマンガ論について概観しておく。

一九八〇年代後半のマンガ論の関連書として、いくつか重要なものを挙げるならば、まずひとつは米澤嘉博編『マンガ批評宣言』（亜紀書房、一九八七）だ。同書にはマンガにおける時間をめぐる議論の出発点として繰り返し参照されることになる加藤幹郎「愛の時間——いかにして漫画は一般的討議を拒絶するか」が収録されている。ニューアカデミズムの潮流に棹さして文化記号論的アプローチを用いた大塚英志『まんがの構造——商品・テキスト・現象』（弓立社、一九八七）や、マンガ論者という以上に舌鋒鋭い言論人としての顔を持つ呉智英『現代マンガの全体像』（情報センター出版局、一九八六）は、「批評の現在」に積極的に関わるマンガ論としても重要だ。とくに大塚英志は『物語消費論——ビックリマンの神話学』（新曜社、一九八九）などの著作によって二〇〇〇年代の文化批評に多大な影響を与えることになる。

一方の呉の著作は戦後マンガ史のみならずマンガ批評の全体像を示す試みとなっているが、マンガ論の蓄積を振り返り、その見取り図を提示しようという意識もこの時期のマンガ論に目立ってきたもので、その最大の成果は竹内オサム・村上知彦編『マンガ批評大系』（平凡社、一九八九）だ。別巻も含め全六巻、各巻ごとに異なるテーマ設定で戦後の主要なマンガ論を収めたシリーズで、これに類するような論集は以降も編まれていない。先に挙げた中島の手塚論の一回である「ヘルマプロディトスの夢」も第一巻に収められている。基礎的な論集として必須のものだが、一方で大人漫画や戦前のマンガをほとんど度外視し、手塚を中心とする「戦後ストーリーマンガ」史観をはっきりと提示した点でもその影響は大きい。

ただし、戦後ストーリーマンガ以外の領域のマンガ論は、一九七〇年代以降、後景に追いやられていたものの、大人漫画、風刺漫画であれば清水勲、海外マンガであれば小野耕世によって、継続的に資料の掘り起こしや紹介は行われてきた。マンガ史に関する清水の著作は膨大な数があるが、『漫画の歴史』（岩波書店、一九九二）が手にとりやすいもののひとつだろう。ただし、以降の著作のなかで新資料に基づき内容があらためられている場合があり、逆に以前の著作で紹介された事柄について後の著作であらためて触れられない場合もある。また清水は一九九二年に研究誌『風刺画研究』を創刊、創刊号から二〇一〇年発行の五五号までをセットにした保存版も臨川書店から刊行されている。翻訳者としても海外マンガの紹介を長らく続けている小野耕世の著作としては『バットマンになりたい――小野耕世のコミックス世界』（晶文社、一九七四）の他、近年のものとしては『アメリカン・コミックス大全』（晶文社、二〇〇五）や『世界コミックスの想像力』（青土社、二〇一一）、日本のマンガを中心に論じたものとしては『長編マンガの先駆者たち――田河水泡から手塚治虫まで』（岩波書店、二〇一七）がある。

また、「こども読み物」としてのマンガ論の系譜に位置づけられるものとしては竹内オサム『マンガと児童文学の「あいだ」』（大日本図書、一九八九）、『子どもマンガの巨人たち――楽天から手塚まで』（三一書房、一九九五）も重要だろう。こうした「戦後ストーリーマンガ」の外部の重要性は二〇〇〇年代以降のマンガ論で見直されてゆく。

ちなみに、竹内オサムの仕事としては、氏が個人発行する研究誌『ビランジ』（一九九七年創刊）についても触れておきたい。同誌では編集者の手記など、同時代的証言として貴重な記事が多い。白泉社の創設に関わった小長井信昌『私の少女マンガ史――別マから花ゆめ、ＬａＬａへ』（西田書店、二〇一一）は同誌連載をまとめたものだ。

さて、一九九〇年代におけるマンガ論の最も重要なトピックはやはり「マンガ表現論」である。『夏目房之介の漫画学』（大和書房、一九八五）など模写を駆使し、パロディ的な形でマンガ論を展開してきた夏目は、一九八九年の手塚治虫の逝去をきっかけに本格的にマンガ評論に足を踏み入れ、『手塚治虫はどこにいる』（筑摩書房、一九九二）、さらに一九九五年には『手塚治虫の冒険』（筑摩書房）を刊行。夏目は同じく一九九五年に竹熊健太郎らと共に『マンガの読み方』（宝島社）にも関わっている。同時期には実作者としての感覚に根差す夏目に対し、より記号学的な方法論に依拠した四方田犬彦『漫画原論』（筑摩書房、一九九四）や「記号的身体」という概念に基づく独自の戦後マンガ史観を提示する一連の著作の起点となる大塚英志『戦後まんがの表現空間――記号的身体の呪縛』（法蔵館、一九九四）も刊行。なにが描かれているかではなく、いかに描かれているかに沈潜し、マンガ表現固有の原理を読み解こうとする「マンガ表現論」のアプローチは、広く受け入れられることとなった。マンガ表現論が受け入れられたことは、一九七〇年代以降の「マンガの現在」への積極的な参与を目指すマンガ論からの転換を示す出来事だろう。その他、マンガ表現論に関連するものとしては、スコット・マクラウド『マンガ学――マンガによるマンガのためのマンガ理論』が美術出版社から岡田斗司夫の監訳で刊行されている。長らく入手困難となっていた同書だが、二〇二〇年に椎名ゆかり・訳、小田切博・監修の完全新訳版が復刊ドットコムより刊行された。

その他、一九九〇年代の重要なマンガ論文献としては藤本由香里『私の居場所はどこにあるの？――少女マンガが映す心のかたち』（学陽書房、一九九八）がある。女性のセクシュアリティやアイデンティティの問題と重ね合わせつつ、ジェンダー論的な視点から少女マンガの歴史を綴っていく筆致は、相川優「人生、少女マンガだ」（『まんがは世界三段跳び』本の雑誌社、一九八〇）以来の女性の言葉としての少女マンガ論のひとつの到達点だ。

また、二〇〇〇年代のマンガ論につながるマンガ史の再検討の動きとしては霜月たかなか編『誕生！手塚治虫――マンガの神様を育てたバックグラウンド』（朝日ソノラマ、一九九八）がある。同書収録の宮本大人「マンガと乗り物――『新宝島』とそれ以前」は二〇〇〇年代のマンガ論で展開される重要な問題を設定した論文である。宮本の仕事としては『週刊朝日百科　世界の文学』の「マンガと文学」をテーマとした一一〇号（朝日新聞社、二〇〇二）所収の「「漫画」の起源――不純な領域としての成立」も重要。

マンガの現在に積極的にコミットするマンガ論からの転換を示すこの時期の他の出来事として、一九九六年の「ＢＳマンガ夜話」の放送開始がある。「マンガを語りあうことの楽しさ」の共有は一九七〇年代以降のマンガ論に通じるものだが、夏目やいしかわじゅん、岡田斗司夫らによる縦横無尽の語りはそれ自体がひとつのエンターテインメントとして自立しており、マンガをめぐる状況への働きかけには向かわない。『ＢＳマンガ夜話』はキネマ旬報社から放送内容を収録したムック本がVol. 1〜11まで、さらに二〇〇四年には『ニューウェーブセレクション』として大友克洋「童夢」、高野文子「るきさん」、業田良家「自虐の歌」、しりあがり寿「弥次喜多 in Deep」の回を収めたものが刊行された。

なお、この時期のマンガ論媒体としては雑草社『ぱふ』と、ふーじょんぷろだくと『COMIC BOX』が挙げられる。後者は一九八二年に創刊され一九八四年五・六月号まで発行し一時休刊、翌一九八五年の八月号から第二次『COMIC BOX』として再出発した。『ぱふ』が情報誌的な方向に舵を切ったのに比して、後者『COMIC BOX』の方が批評誌的な性格が強い。宮崎駿のインタビュー「手塚治虫に「神の手」を見たとき、ぼくは彼と決別した」が収められた一九八九年五月号の追悼特集「ぼくらの手塚治虫先生」や、一九九〇年一月号の「まんがと放射能」特集などがよく知られるが、一九九八年八月号「二〇世紀の少女マンガ」特集も重要なもののひとつとして挙げておきたい。同特集に収められたヤマダトモコ「まんが用語〈二四年組〉は誰をさすのか?」は、少女マンガ研究における基礎的な論文のひとつだ。

その他の媒体としてはミリオン出版発行『COMIC GON!』がある。一九九七〜九九年にかけて全五号が発行。最新の動向を負うというよりは「日本一つまらないマンガをさがせ!」といったコーナーや「まいっちんぐマチコ先生」「カゲマン」の新作収録など、なつかしマンガのカルト作品としての再発見やネタ的なツッコミを基調にしており、こうした視点からマンガを面白がる姿勢はネット上のマンガ論に引き継がれている。一方、より硬派な批評誌としては雑草社から『ぱふ』の別冊として一九九八年に創刊された『コミック・ファン』がある。八号では「インターネットで変わるまんが生活」、一〇号では「まんが同人誌史」など意欲的な特集を組んでいるが、「世界のMANGA事情」特集を組んだ二〇〇二年発行の一六号で休刊。『COMIC BOX』も二〇〇二年六月号で発行を止めている。

伊藤『テヅカ・イズ・デッド』は「マンガの現在」を語ることを目指すものであったが、結果的には「批評の現在」としてのマンガ論を強く印象づけた。こうした状況はマンガ批評媒体の不在の影響も大きい。二〇〇〇年代のマンガ批評の媒体としては、しばしばマンガやマンガ論の特集を組む『ユリイカ』以外では、大日本印刷発行『季刊・本とコンピュータ』の雑誌内別冊として企画され二〇〇一年一二月号から二〇〇四年春号まで六回掲載された「MANGA HONCO」がある。伊藤剛、小田切博、宮本大人など二〇〇〇年代中盤のマンガ論の動きに大きく関わる書き手たちが参加しており、とくに二〇〇二年秋号の「MANGA HONCO（4）特集9・11とアメリカン・コミックス」は小田切『戦争はいかに「マンガ」を変えるか』に繋がってくるものとして興味深い。

しかし、一九七〇年代からの状況を踏まえた上で二〇〇〇年代のマンガ論を振り返ってみると、媒体の不在だけでなく、一九九〇年代におけるマンガ論の自立を経て、「マンガの現在」に積極的にコミットするマンガ論に対し、「戦後ストーリーマンガ」とみなすような「マンガの現在」がどのようにして成立しているのかが改めて問われる状況が訪れていることが分かる。海外マンガや大人漫画といった、「戦後ストーリーマンガ」を中心に据える際に排除されてきたさまざまな「外部」があらためて問題とされ、マンガ史記述の再検討が促されていることと「マンガの現在」にコミットし、状況を作りだしてゆくあり方が衰退していることとはおそらく無縁ではない。そしてそのことは二〇一〇年代でも変わらない。最後に二〇一〇年代の「マンガ論の現在」を概観し、本章をしめくくりたい。

戦後のストーリーマンガを中心とするようなマンガ史記述のあり方やマンガ観自体に疑問が向けられ、アメリカのコミックブックやコミックストリップ、仏語圏のバンド・デシネを始めとする海外マンガ、あるいは風刺に主眼とする大人マンガの伝統や戦前の日本マンガを視野に入れた上で「マンガとはなにか」「マンガの現在はどのように成立したのか」をあらためて検討の対象とする研究は、二〇一〇年代になってさらに展開し、中心的なトピックになっている。

ササキバラ・ゴウとして批評家、編集者としての仕事でも知られる佐々木果による『まんが史の基礎問題――ホガース、テプフェールから手塚治虫へ』（オフィスヘリア、二〇一二）は、こうした成果の大きなひとつで、広範な視野から「コマわり」によって物語を綴るマンガの系譜をとらえなおしている。近年の研究で近代的なマンガの成立の立役者として評価され、同書でも大きく扱われている一九世紀スイスの作家ロドルフ・テプフェールについては、仏語圏の代表的マンガ研究者、ティエリ・グルンステンとブノワ・ペータースの論考、そしてテプフェール自身の文章が収録された『テプフェール――マンガの発明』（法政大学出版局、二〇一四）が翻訳され、その紹介が進んでいる。同書の訳者のひとりである森田直子は二〇一九年に『「ストーリー漫画の父」テプフェール――笑いと物語を運ぶメディアの原点』（萌書房）を刊行。テプフェールの作品については佐々木によって、『M・ヴィユ・ボワ』（オフィスヘリア、二〇〇八）の翻訳も発行されている。大塚英志も佐々木（ただしササキバラ名義）との共著『教養としての〈まんが・アニメ〉』（講談社、二〇〇一）以降、『アトムの命題』などで展開されてきた問題を引き継ぐ

『ミッキーの書式――戦後まんがの戦時下起源』（角川書店、二〇一三）『大政翼賛会のメディアミックス――「翼賛一家」と参加するファシズム』（平凡社、二〇一八）などを刊行。戦前、戦時下のマンガを視野に入れた戦後マンガ史の再検討に積極的に取り組んでいる。

戦前のマンガについて扱ったものとしては、徐園『日本における新聞連載子ども漫画の戦前史』（日本僑報社、二〇一二）が、タイトル通りの労作である。その他、茨木正治編『マンガジャンル・スタディーズ』（臨川書店、二〇一三）も、戦前の少女雑誌からの抒情画から系譜や政治風刺漫画を扱ったものなど、幅広い内容を持つ。

また、少女マンガ研究においても、「花の二四年組」とされる作家群など一九七〇年代の達成を中心に構成された歴史記述の再検討が重要なトピックとなっている。岩下朋世『少女マンガの表現機構――ひらかれたマンガ表現史と「手塚治虫」』（NTT出版、二〇一三）もそのひとつだ。同書では伊藤の「キャラ」論を踏まえ、マンガ表現論のアプローチの更新も目論まれている。また、一九六〇年代以前の少女マンガの豊穣さと一九七〇年代以降への影響を知るため資料として詳細なバレエマンガリストが掲載された『バレエ・マンガ〜永遠なる美しさ』（太田出版、二〇一三）も見逃せない。さらに、女性作家によるマンガという意味で「広義の少女マンガ」ということになるが杉本章吾『岡崎京子論――少女マンガ・都市・メディア』（新曜社、二〇一二）も重要な成果のひとつである。岡崎京子は作家論がもっとも豊富な近年のマンガ家のひとりで、同書が刊行された二〇一二年にはばるぼら『岡崎京子の研究』（アスペクト）の他、椹木野衣のよく知られた岡崎論『平坦な戦場でぼくらが生き延びること――岡崎京子論』の新版もイースト・プレスから刊行されている（元版は筑摩書房、二〇〇〇）。

こうした近年のマンガ研究のなかで重要な論点のひとつとして「映画的手法」をめぐる議論がある。竹内オサムの提起したこの概念をめぐっては、宮本「マンガと乗り物」や伊藤『テヅカ・イズ・デッド』や批判的見解が示され、論争の様相を呈した。ちなみに、この論争を含め、日本のマンガ批評において起きたさまざまな論争をまとめたものとしては小山昌宏『戦後「日本マンガ」論争史』（現代書館、二〇〇七）がある。

この「映画的手法」、マンガと映画の比較をめぐる議論における近年で最大の成果として挙げられるのが三輪健太朗『**マンガと映画――コマと時間の理論**』（NTT出版、二〇一四）だ。映画を近代が産んだ同時代的な文化として「手法」ではなく「様式」として、表現を捉える視点を示した同書は、マンガ研究における理論的なひとつの達成といえる。また、鈴木雅雄編『**マンガを「見る」という体験――フレーム、キャラクター、モダン・アート**』（水声社、二〇一四）のようにシュールレアリスム研究、美術研究とマンガ研究を架橋する論集が刊行されたのも、新たな局面を示すものだろう。伊藤剛や『**マンガのシステム**』の翻訳者・野田謙介といったマンガプロパーの論者だけでなく、『ユリイカ』等の媒体でのマンガ批評でも知られるシュールリアレスム研究者・中田健太郎、美術史研究者・加治屋健司など、多彩な書き手によって、さまざまに新たな論点が提示されている。同書の続編的な論集としては、二〇一七年刊の鈴木雅雄・中田健太郎編『**マンガ視覚文化論――見る、聞く、語る**』（水声社）がある。

こうした二〇一〇年代のマンガ研究の成果は、二〇〇一年に設立した日本マンガ学会が研究発表や交流の〈場〉として機能してきたことも大きい。この日本マンガ学会の会誌『マンガ研究』（ゆまに書房）は、二〇〇二年刊行の第一号以来、学会大会の特集号と、投稿論文を中心にした号、年に二号発行されていたが、二〇一一年三月発行の第一七号からは両方をまとめて年一回の発行となった。論文だけでなくマンガ家なども登壇した大会シンポジウムの記録も収められている。

また、『マンガを「見る」という体験』で見られるようなマンガと美術研究、美学研究との架橋、あるいは海外のマンガ研究との交流に関しては『マンガの国・ニッポン――日本の大衆文化・視覚文化の可能性』（花伝社、一九九四）の著者ジャクリーヌ・ベルントによって一貫して試みられてきたことでもある。夏目房之介「マンガ表現論の「限界」をめぐって」を収めたベルント編著『マン美研――マンガの美／学的次元への接近』（醍醐書房、二〇〇二）や『美術フォーラム21』三一号（醍醐書房、二〇一一）の特集「漫画とマンガ、そして芸術」は、その重要な仕事だ。『美術フォーラム21』三一号には『マンガを「見る」という体験』の著者のひとりである加治屋による石子順造論が収められている。また、京都精華大学国際マンガ研究センターは二〇〇九年に第一回の国際会議を京都で開催。以降も各地で国際会議が開かれている。その成果は「国際マンガ研究」としてまとまっており、現在四号まで発行されている。書店流通はしていないが国際マンガ研究センターに連絡すれば入手可能である他、一号、四号はPDF版も同センターのウェブサイトでもDL可能。

その他、アカデミックなマンガ研究における成果としては、山森宙史『「コミックス」のメディア史――モノとしての戦後マンガとその行方』（青弓社、二〇一九）や『〝彼ら〟がマンガを語るとき、――メディア経験とアイデンティティの社会学』（ハーベスト社、二〇一九）などが挙げられるだろう。前者は、従来は雑誌メディアとの関わりが取り上げられがちであったマンガについて、単行本としての「コミックス」に着目し論じており、後者はインタビュー分析を軸に読者のマンガについての「メディア経験」を論じている。いずれも博士学位論文の書籍化だが、アカデミックな研究の蓄積によって、新たな問題が設定されつつあることが伺える好著と言えるだろう。マンガ、アニメを横断するキャラクター論である足立加勇『日本のマンガ・アニメにおける「戦い」の表象』（現代書館、二〇一九）も博士学位論文の書籍化である。

相次ぐ学位論文の書籍化は、大学でマンガを研究することが既に定着しつつあることを示している。それは、もちろん同時に、大学教育においてマンガやアニメで扱うことへの需要の高まりも示すものであり、山田奨治『マンガ・アニメで論文・レポートを書く』（ミネルヴァ書房、二〇一七）のような書籍が刊行されるのもその表れと言えるだろう。

マンガとマンガ論の現在

このように、二〇〇〇年代に設定された問題や蓄積を引き継ぐ形で、マンガ論は「マンガの現在」の成り立ちを問いなおすことで、主としてマンガ研究の成果を豊かに生み出している。では、もう一方の

「マンガの現在」にコミットするものとしてマンガ批評はどのような展開を見せているのか。情報誌としての『ぱふ』も二〇一一年八月号で休刊。ジャーナリスティックな時評、状況論的なものとしては創出版『創』で二〇〇三年以来、年一回のペースでマンガ特集が組まれている。『創』のマンガ特集は、ジャーナリスティックな視点で、マンガの市場にも目を向けているが、より直接的に市場と接点を持っているものとして宝島社のムック『このマンガがすごい！』やフリースタイル発行『フリースタイル』の「このマンガを読め！」特集のようなマンガランキング本があるが、「マンガの現在」に積極的にコミットするものというよりもブックガイド的な性格が強いのは否めない。

表現規制の問題をきっかけに刊行された『2007〜2008マンガ論争勃発!!』（マイクロマガジン社、二〇〇七）を出発点に現在も同人誌として発行されている「マンガ論争」シリーズ（永山薫事務所）も、ジャーナリスティックな姿勢でマンガをめぐる状況を追いかける貴重な媒体だ。エロマンガ評論家である永山薫がジャーナリスティックな『マンガ論争』を手がけているのは、エロを描くこと、エロを論じることが表現規制の問題と隣合わせであるからに他ならない。近年、そのことを強く印象付けたのは稀見理都『エロマンガ表現史』（太田出版、二〇一七）だ。同書は北海道で有害図書指定を受けた。『マンガ論争！』シリーズだけではなく、『マンガルカ』（編集・発行：高瀬司）など二〇一〇年代には、同人誌として意欲的な評論誌が刊行された点も注目すべき点だ。アニメ批評の同人誌『アニメルカ』の特別号として発行されている同誌は二号で「ニューウェーブ・オブ・ニュウェーブ」とされるマンガ家の特集を行っており、新たなトレンドを設定し、「マンガの現在」へコミットする姿勢が読み取れる。同誌は、二〇一五年に『アニメルカ』と統合され『Ｍｅｒｃａβ』として再出発している。第一号では『マンガルカ』、第二号の特集の問題意識を引き継ぐ形で九井諒子の特集が組まれた。「マンガの現在」と批評の接点が同人誌において、模索されているのは、同人誌とその即売会が、現在でも一九七〇年代においてそうだったのと同様に、マンガについて書くことと、マンガを描くことが親しくある場であることと無縁でないだろう。一〇年代に発行された同人誌媒体としては三輪健太朗など学習院大学の夏目房之介ゼミ出身者が中心となった『三角星』も興味深い。

二〇〇〇年代のマンガ批評を牽引した媒体『ユリイカ』では、近年でもマンガに関する特集が多く組まれている。その多くは特定の作家を取りあげたものだが、それ以外の方向性の特集として、ひとつには「総特集：世界マンガ大系」（二〇一三年三月臨時増刊号）といった海外のマンガに関するもの、もうひとつ「ＢＬ・オン・ザ・ラン！」（二〇一二年一二月号）など、ＢＬ、腐女子文化についてあつかったものがある。ＢＬ関連の特集は二〇〇〇年代にも「総特集：腐女子マンガ大系」（二〇〇七年六月臨時増刊号）「ＢＬスタディーズ」（二〇〇七年一二月臨時増刊号）が組まれている。ＢＬやその消費者である腐女子については、批評媒体に取りあげられること自体が、ジャンルの社会的認知を更新する役割を担っているし、海外マンガについても、マンガ論における関心の高まりが翻訳紹介の後押しをした部分も大きく、こうした例は批評や研究が「マンガの現在」と生産的に結びついた好例だろう。なお、ＢＬについては『美術手帖』も二〇一四年一二月号で特集を組んでいる。その他、ＢＬに関する研究・批評書としては、堀あきこ『欲望のコード――マンガにみるセクシュアリティの男女差』（臨川書店、二〇〇九）や溝口彰子

『BL進化論——ボーイズラブが社会を動かす』（太田出版、二〇一五）、同書の続編的内容であり実作者と溝口の対話を収めた『BL進化論［対話篇］——ボーイズラブが生まれる場所』（宙出版、二〇一七）、アジア圏におけるBL文化の広がりを知ることができるジェームズ・ウェルカー編『BLが開く扉——変容するアジアのセクシュアリティとジェンダー』（青土社、二〇一九）を挙げておく。

その他、河出書房新社の『文藝別冊』シリーズでも「萩尾望都」「ちばてつや」「諸星大二郎」「吾妻ひでお」など、マンガ家の総特集が多く刊行されている。『ユリイカ』に比してベテランマンガ家が取りあげられる場合が多い他、全作品リストなど資料性の高い内容が特徴である。また、総特集の刊行と連動する形で原画展が開催される場合もしばしば見られる。逆に『ブルータス』二〇一二年四月一五日号の特集「大友克洋、再起動」のように原画展に合わせて特集が発行される場合も多い。近年ますます増えている美術館でのマンガ関連の展覧会開催は、マンガ論と「マンガの現在」との関わりという点で注目すべきトピックだろう。特定のマンガ家を特集したムック本としては小学館から刊行されているその名も「漫画家本」シリーズも無視できない。二〇一七年の『藤田和日郎本』から始まる同シリーズは二〇二〇年五月現在、『高橋留実子本』まで一四号が刊行されている。ロングインタビューを目玉に、ゲスト作家の寄稿、評論等で構成されている点は『ユリイカ』『文藝別冊』などと共通する点だが、前二者と異なるのは、版元である小学館がマンガ出版の大手であることだろう。これもまた別の形でのマンガ論と「マンガの現在」の接点と言えるかもしれない。このように見てみると、商業媒体におけるマンガ批評は、作家特集本が中心となっていることが分かる。これらはある意味で手堅い商品とは言えるものの、二〇〇〇年代に見られたような活発な状況が築かれているとは言い難い。こうした中で、『名探偵コナン』シリーズを通じて平成の三〇年を論じようとしたさやわか『名探偵コナンと平成』(コアマガジン、二〇一九)は、「社会反映論」を再生させようとした意欲的な試みとして注目に値する。

二〇一〇年代のマンガ研究の成果は、マンガ批評の蓄積によって生み出された部分が大きいが、一方で、商業媒体におけるマンガ批評のプレゼンスはかつて程には高くない。展覧会図録やそれに合わせた特集、あるいは同人誌といった回路を通じて、アカデミックな研究の成果が批評へと還元され、マンガ論がまた豊かになってゆく今後に期待したい。

あとがき

私がこの文章を書いているのは、二〇二〇年の六月のとある夜だ。この年のこの季節を、私はこれからも幾度となく思い出すことになるのだと思う。それは、自分の二冊目の単著が仕上がった季節だからというわけではない。社会の景色、世界の景色が、数ヶ月前とは様変わりしてしまって、もしかすると世の中全体が以前と同じに戻る日は来ないのかもしれないといった不安を、時に抱いてしまう。そんな現在のなかで、このあとがきが書かれているからだ。

本書第二部では「2・5次元」の舞台や日本語ラップについて論じている。こうした対象について考えたり、書いたりすることができたのは、それぞれの「現場」、つまり劇場やクラブ、ライブハウスに足を運んだ、その経験があったからこそである。しかし、二〇二〇年六月現在、そういった「現場」を直に経験する機会はほとんど奪われてしまっていて、それを取り戻せる日がいつ来るのかもわからない。

マンガについては、すでにフィジカルな出版物よりも電子出版の方が優勢な状態だが、外出を極力控えるしかない日々が続き、自宅で費やされる余暇時間が増えれば、その状況も加速するのだろうし、そのことは良くも悪くも（あるいは良いも悪いもなく）「マンガとは何か？」という問いへの答え方に響いてくるはずだ。

序論のなかで、「この本を読むことで、現実について、社会について、あるいは人間についてなにかが明らかになったりはしない」のだと書いた。なかば挑発的な言いようであるのは事実だが、このことばに嘘はない。けれども、こう書いたからといって、現実を遠ざけて、あるいは現実とフィクションを区別して、フィクションを楽しむことをなにか純粋な領域としてとりわけておきたいわけではない。むしろそれはまったく逆で、フィクションを楽しむため、この本の足どりを踏まえて言うなら、キャラクターと出会うためには、現実や社会とも出会わなければならないのだし、キャラクターに向き合うように、現実や社会にも向き合わなければならない。そう思う。

その理由はきわめてシンプルで、キャラクターは、いまや私たちの現実を形作っているいろいろなもののやさまざまな経験のなかのひとつだからだ。

ひどく正直で身も蓋もないことを言ってしまうと、私にとってはマンガを読むことやキャラクターに出会うことの方が、世の中よりもよほど大事である。しかし、このあとがきが書かれている二〇二〇年の状況を受けて描かれた「いま」のマンガについて、後世の読者がそのさりげないディテールを見逃さずに味わうためには、当然ながら二〇二〇年の日本や世界の状況についての知識が求められるだろう。また、直接的に現実にコミットしないようなコンテンツにしても、社会について、歴史についての知識によって解釈が捗ることもある。たとえば、尾田栄一郎『ONE PIECE』でしばしば描かれる人種間の差別や抑圧といったモチーフについて、現実の問題を視野に入れて咀嚼することは、この物語を痩せ細らせたりはしないはずだ。マンガやキャラクターとの出会いを豊かにするためにこそ、私たちは世の中について知る必要があり、考える必要があり、根気よく付き合って、時には世の中を変えたり、維持したりするために必要な努力をしなければならないのだ。それは耐え忍ばなければならい苦行というわけではなくて、そうやって世の中と付き合うことは、キャラクターを享受する営みの一部、あるいはそのものであるのだろう。

この本の作業を進めながら、私はそんなことを考えていたのだった。

刊行から年月を経て本書を手に取った読者がいたとして、その人には、ここで私が抱いている感覚や状況認識がいまいちピンとこないということがあるかもしれない。そうなっていれば良いなと思う。

本書は、これまで私が書いてきた文章の中からキャラクター論の範疇に入るものを集めてある。ど真ん中なものもあれば、そこから踏み出していたり、こぼれ落ちかけているものもあるかもしれないが、そうしたバラつき自体が、この本を表情豊かなものにしていればと思う。とはいえ、キャラクター論としてみた時に、本書が取りこぼしている論点やトピックもあるだろう。たとえば、2次元と3次元のあいだに立って大きな存在感を放っているバーチャルYouTuberについて、本書では残念ながら扱えていない。あるいは、松下哲也『ヘンリー・フューズリの画法——物語とキャラクター表現の革新』（三元社、二〇一八）で示されているようなキャラクター表現を広く視覚文化史、美術史の枠組みから捉える議論についても、本書ではカバーできているとは言い難い。そうした限界があることは認めざるを得ないが、いずれ新たな一コマを書き加えていきたいと考える次第である。

最後に、いくつかの謝辞を述べておきたい。

まずは、本書の成立に関わってくれた編集者各位に。本書を企画してくれた瑞田卓翔氏。最初に打ち合わせをした二〇一九年三月に瑞田氏が見せてくれた目次案の時点で、本書はほとんど完成していた。既存の文章をまとめて一冊の本にするという作業にそれから一年以上がかかってしまったのは、ひとえに私が牛のように歩いてしまったためである。

瑞田氏から引き継いで本書を刊行までこぎつけてくれた前田理沙氏。牛のようにしか歩きたがらない私を適切な形で急き立ててくれた前田氏の手腕がなければこの本が形になることはなかっただろう。打ち合わせの折に日本語ラップについての四方山話の相手をしてくれたのにも、感謝することしきりである。

それから、『ユリイカ』編集の明石陽介氏。本書に収められた文章の多くは同誌初出であり、明石氏は最初に依頼をいただいた際から一貫してお世話になっている。フェイバリットなとんかつ屋の一軒である神楽坂の「あげづき」に初めて連れて行ったのも明石氏だ。

もちろん、本書には『ユリイカ』以外の商業媒体や同人誌等に発表された文章も収められている。河出書房の穴沢優子氏。美術出版社の福島夏子氏。『岩本社会学論集』編者の橋爪大作氏、日高利泰氏。資料性博覧会の國澤博司氏。『マンガ論争』の永山薫氏。貴重な執筆機会を与えてくださった各氏にも感謝したい。

また、卒業生も現役生も含めて、いつも私にいろいろなことを教えてくれる学生たちにも深く感謝している。「教えてくれる」と書くのは、まったくもって本音でしかないが、教わってばかりでは申し訳ない。私からも学生たちに何かを手渡すことができていればと願うし、そうできるよう努力していきたいと思う。

本書の表紙のために素敵なイラストを描き下ろしてくださった服部昇大先生にも御礼を述べたい。服部先生の描くキャラクターのまなざしに見つめられることは、氏のマンガをいつも楽しみにしている読者である私にとって望外の喜びだし、キャラクターと出会うことについて考えるこの本にとっても、これ以上ないものだと感じている。

家族へ。母に。姉に。弟に。今は亡き父に。もちろん、妻の那々緒さんにも大きな感謝を捧げたい。互いに支えあうパートナーがいることが、私にとってどれほど励みになったかしれない。

そして、私がこれまで出会ってきたキャラクターとこれからこの本が出会うことになる読者のみなさんへ。

「机上の空論にフッと息をかけ暗闇に光を注ぐ」

PUNPEE は「Renaissance」でそんな風にライムしていた。この本が誰かにとってそんなものになってくれればと願う。

二〇二〇年六月

岩下朋世

初出一覧

本書収録にあたり、加筆と修正を施した。

Ⅰ

1 キャラクターと囲む食卓　『ユリイカ』二〇一一年九月号
2 〈まなざし〉の行方　『岩本社会学論集』二〇一二年
3 「世界」の描き分け、キャラクターの対話　『マンガ論争　9』二〇一三年
4 〝ぽっちゃりヒロイン〟は伊達じゃない　『ユリイカ』二〇一四年三月号
5 動かずに立つキャラクター　『文藝別冊　総特集　弘兼憲史』河出書房新社、二〇一四年
6 岩明均の輪郭、線　『ユリイカ』二〇一五年一月臨時増刊号

Ⅱ

7 誰が「変身」しているのか？　『ユリイカ』二〇一二年九月臨時増刊号
8 2次元と2・5次元の『テニスの王子様』　『ユリイカ』二〇一五年九月臨時増刊号
9 「マンガの実写化」と「マンガから生まれた映画」　『ユリイカ』二〇一五年一〇月号
10 マンガと2・5次元　『美術手帖』二〇一六年七月号
11 「リアル」になる　『ユリイカ』二〇一六年六月号

ブックガイド　『資料性博覧会　08』二〇一五年

岩下朋世（いわした・ほうせい）
1978年、鹿児島県生まれ。専門はマンガ研究・メディア論。東北大学大学院情報科学研究科博士課程修了。現在、相模女子大学学芸学部メディア情報学科教授。単著に『少女マンガの表現機構――ひらかれたマンガ表現史と「手塚治虫」』（NTT出版、2013年）、共著に『マンガ研究13講』（水声社、2016年）『マンガ視覚文化論』（水声社、2017年）など。

キャラがリアルになるとき
2次元、2・5次元、そのさきのキャラクター論

2020年7月17日　第1刷印刷
2020年7月31日　第1刷発行

著者　岩下朋世

発行者　清水一人
発行所　青土社
東京都千代田区神田神保町1-29　市瀬ビル　〒101-0051
電話　03-3291-9831（編集）　03-3294-7829（営業）
振替　00190-7-192955

印刷・製本　ディグ

装幀　小沼宏之
装画　服部昇大

ISBN978-4-7917-7288-9